感染症×大規模災害

実践的

分散避難と避難所運営

防災システム研究所 所長
山村武彦［著］

ぎょうせい

はじめに――パンデミック後のニューノーマル

コロナ禍で学習したことは、テレワークの有用性、3密防止、マスク着用などの生活様式。これは収束しても定着・進化していく。それを人はニューノーマル（新常態）と呼ぶ。ニューノーマルは防災にも及ぶ。

今年3月11日、北海道東部が大雨に襲われた。雪解け水も重なり、釧路川が氾濫危険水位を超えようとしていた。標茶《しべちゃ》町は午前6時過ぎ、避難勧告を避難指示（緊急）に切り替える。道独自の緊急事態宣言下にあったので、3密を避けるため、床にテープを貼り、1人当たりスペースを2m四方にした。この避難所には500人は収容できるはずだったが、200人で満杯になってしまった。洪水懸念でこれである。大規模地震が発生すれば、さらに多くの人が避難してくる。しかし、避難所の1人当たり占有面積は、全国平均1・2～2㎡程度でしかない（104頁）。「立って半畳、寝て1畳、雨露しのげばそれで重畳」などと、これまでの避難所環境は人間の尊厳を無視した劣悪なものであった。これでは、ソーシャルディスタンスを確保することなどできない。複合災害をニューノーマルとすれば、1人4㎡は必要となる。

複合災害の可能性は歴史が物語っている。貞観の富士山噴火（864年）や貞観地震（869年）の時は咳逆病《しはぶきやみ》（インフルエンザ）が大流行していた。また、宝永南海トラフ地震（1707年10月28日）と宝永富士山噴火（同年12月16日）の時も流行性感冒《はやりかぜ》が蔓延（60頁〜）。阪神・淡路大震災（1995年）の時はインフルエンザが引き金となり、避難所などで死んだ人は3か月間で919人に上る。

「人は試練に耐えた分、強く賢く、そして、人に優しくなれる」。好きな言葉である。日本は大昔から地震、津波、台風、洪水、噴火などに繰り返し襲われてきた。その都度、人々が駆けつけ、寄り添い、助け合って試練を乗り越えてきた国である。しかし、感染症が懸念される今、大規模災害が起きれば「駆けつけ、寄り添う」美学に、移動禁止・3密防止の壁が立ちはだかる。その上、流通が途絶え、断水で手洗いもままならず、停電で換気もできない。これは感染症と大規模災害という2つの災害の足し算ではない。未知の事象が掛け算で絡みあう複合災害である。となると、避難所を増やすだけでは間に合わない。

例えば、大雨・土砂災害等の警戒レベル4「全員避難」というのは、危険区域の危険な家に住む人が対象。自宅の安全が確保できた人は、在宅避難が原則。避難する場合でも、避難所だけでなく、自治会館、親戚・知人宅、車中避難などの分散避難も選択肢。熊本地震では、避難所より車中避難を選んだ人の方が約3倍も多い（200頁〜）。郊外であれば、事前にイベント会場・駐車場などを車中避難場所に指定する方法もある。それにより避難所の負荷が減り、劣悪環境や集団感染を防ぐことができる。一方で、避難所の感染懸念が喧伝されれば、避難すべき人が避難をためらい、結果として逃げ遅れたら本末転倒である。ソーシャルディスタンスを取っても、心と心の距離は広げてはならない。いざという時ほど近くの人が声を掛け合い、助け合う「近助」が求められる。避難所の増設と環境整備もさることながら、自治体はコロナ禍を奇貨として、住民の防災リテラシーの向上と意識啓発にコストとエネルギーを傾注すれば、真のニューノーマル防災となるのではなかろうか。本書がその一助となれば幸甚である。

2020年8月

山村　武彦

目次

はじめに――パンデミック後のニューノーマル

第1章 生物とも言えないウイルスの不気味

1 陰性後、陽性になることもあるウイルス……2
(1) 感染後、雲隠れするウイルス 2
(2) パンデミックとの複合災害が起きる確率 4
(3) 未知のウイルスに本当の専門家はいない 7

防災ひとロメモ 台湾から届いたマスク200万枚……12

2 感染弱者とその家族の感染予防法……13
(1) ハイリスク群患者 14
(2) 感染者が多いのは働き盛り、死亡者が多いのは70歳以上 15
(3) 感染弱者の感染症予防 16

(4) 感染弱者のマナー　18
3 咳エチケットから「新パンデミックエチケット」……19
(1) 3つの正しい咳エチケット（厚生労働省ホームページより）　19
(2) 危機管理視点の「新パンデミックエチケット」（咳エチケットプラス）　20
防災ひと口メモ　心に響かないカタカナ言葉……22

第2章　202X年、アイツもやってくる！

1 段取り八分……26
2 南海トラフ地震×感染症……28
(1) 南海トラフ地震とは　28
(2) 南海トラフ地震の想定シナリオ　30
(3) 大規模地震対策の共通事項　33
(4) 南海トラフ地震の被害想定　37
3 首都直下地震×感染症……42
(1) 避難者720万人、帰宅困難者800万人　42

4 日本海溝・千島海溝地震×感染症……50
(1) 29・7mの津波! 50
5 スーパー台風(強風・高潮)×感染症……52
(1) 危険半円と可航半円 52
(2) もし、東京に高潮が押し寄せたら 55
6 宝永南海トラフ地震×富士山噴火×感染症……60
(1) 大規模地震と噴火が連続して起きるかもしれない 60
(2) 富士山噴火の被害想定 65
(3) 首都圏における降灰の影響 66
(4) 過去の富士山噴火で何が起きたか 66
防災ひと口メモ 火山灰で家がつぶれる……72

第3章 感染症×大規模災害=複合災害

1 複合災害警戒を呼び掛ける緊急メッセージ……74
(1) 感染症と自然災害の複合災害のリスクが高まっています 74
(2) 感染リスクを考慮した避難が必要です 75

(3) 地震・火山災害との複合災害に備えましょう 76
(4) 気象災害との複合災害に備えましょう 77
(5) 熱中症への対策も必要です 77
2 「緊急事態宣言」と「災害緊急事態の布告」…… 78
3 「災害緊急事態の布告」の効果…… 83
防災ひと口メモ 安全とは何か？…… 84

第4章 避難所のあり方

1 指定緊急避難場所の指定条件…… 90
2 安全区域に該当しない区域の例…… 92
3 浸水想定区域でも、ビルの上階を指定緊急避難場所に指定できる…… 94
防災ひと口メモ リスクトレードオフ…… 96
4 ハザードマップ及び防災マップに記載する留意事項…… 97
5 指定緊急避難場所等の表示と「国土地理院地図」…… 99
6 全国の避難所概要…… 100

7　避難所の収容基準……101
8　スフィア基準（抜粋）……105
9　「避難所における新型コロナウイルス感染症への更なる対応について」……114
10　民間施設の避難所指定……116
(1)　民間施設指定事例　118
(2)　指定された民間施設のメリット　119
(3)　民間施設の指定避難所留意点　120

第5章　発災時の避難所運営

1　複合災害に備え、避難所支援班の見直し……122
2　避難所支援と運営体制……125
(1)　避難所支援の協働体制（例）　125
(2)　避難所運営委員会の見直し　127
(3)　避難所の事前備蓄　130
(4)　避難スペースのレイアウト表　133
(5)　避難所の開設　141

3 避難者のマナー……167
(1) 避難所における避難者のマナー 168
(2) 避難する前に確認すること 170
防災ひとロメモ 笑顔の避難所の秘密……172

第6章 避難行動の選択と在宅避難

1 立ち退き避難と屋内安全確保……174
防災ひとロメモ もし、孫が来ていなかったら……177
2 ストリートミーティング……178
3 避難所の負荷を減らす「ニューノーマル防災」……181
4 自宅の安全が確認できたら「原則は在宅避難」……184

第7章 分散避難と車中避難

1 車中避難場所……190

(1) 車中避難場所の条件 191
(2) 車中避難場所運営ルールの要件 193
2 避難所だけが避難先ではない……193
3 車中避難（車中泊）……196
4 車中避難者等への配慮……197
5 熊本地震での車中避難……200
6 車中避難のメリットとデメリット……204

第8章 備蓄と家族防災会議

1 結果事象に備える備蓄……206
2 在宅避難生活訓練で備蓄を考える……207
(1) 備蓄は7日分 207
(2) 在宅避難訓練で、何がどれだけ必要かを検証 209
(3) トイレットペーパーの使用量 210
(4) 熱中症対策 211
(5) エサではなく食料を（ローリングストック法で） 211

3　家族防災会議……213
(1)　自治体が推進する「家族防災会議の日」　213
(2)　家族防災会議の主なテーマ　215
4　在宅避難の強い味方（EV車）……217
5　ZEH（ゼッチ）で災害に強い快適エコ生活……220
6　台風上陸前後の売り切れ商品ランキング……222
7　我が家の備蓄チェックリスト……224
8　分散備蓄……226
(1)　車のトランクに防災備蓄　227
(2)　車のトランク・備蓄品チェックリスト　228
(3)　非常持ち出し袋の準備（感染症×大規模災害）　229
(4)　非常持ち出し袋・チェックリスト　230

第9章　町内会・自主防災組織の役割

(1)　感染防止のため回覧板を中止　234
(2)　新生活様式の普及　235

(3) コロナ禍の最中に、分散避難を呼びかけた「独立防災隊」 237
防災ひと口メモ　近助メシと近助タクシー …… 238
おわりに――ウイルスは悪魔が放った刺客 …… 243
参考にさせていただいた主な文献・サイト …… 247

第1章

生物とも言えないウイルスの不気味

1 陰性後、陽性になることもあるウイルス

(1) 感染後、雲隠れするウイルス

細菌とウイルスは別物である。両方とも目で見ることができないほど小さい。それでも細菌は光学顕微鏡で見えるが、ウイルスはさらに倍率の高い電子顕微鏡でなければ見えない。細菌には納豆菌のように人体に有益な菌もあれば、大腸菌、黄色ブドウ球菌、結核菌などのように病気を引き起こす有害な細菌もいる。それでも多くの細菌は抗菌薬（抗生剤、抗生物質）で増殖を抑制することができる。しかし、ウイルスには抗菌薬も効かない。大腸菌の長さは2～4㎛（マイクロメートル）。㎛とは、1mの100万分の1を表す単位。一般的なインフルエンザウイルスは直径約0・1㎛なので、大腸菌の約20～40分の1の大きさということになる。細胞を持った細菌は、栄養源さえあれば自分と同じ細菌を複製し増殖していく単細胞生物である。それに引き換え、多くのウイルスは生物の最少単位である細胞や細胞膜を持たないので小器官がなく、タンパク質と核酸からなる粒子であり、自己増殖しない。なので非生物とされることもある。

つまり、ウイルスは単独では増殖できず、他の生物の細胞内に感染して初めて増殖可能（偏

性細胞内寄生性）となる。感染したウイルスは細胞内で一度分解されるため、見かけ上ウイルス粒子の存在しない暗黒期がある。この期間をエクリプス、陰性期、暗黒現象とも呼ぶ。エクリプスとは、日蝕や月蝕などの「蝕」にあたり、「一時的に姿を消す」「力を失う」という意味。この暗黒期にウイルス粒子は細胞内で脱殻《だっかく》する。そしてウイルスたんぱく質や核酸の合成を行う。その間は感染細胞内でもウイルス粒子が検出できなくなる。その後感染ウイルスが子孫ウイルス粒子を一気に多数放出し再びウイルス粒子の検出が可能となる。そのため、感染していてもウイルスが検出されず、ウイルスが姿を消している期間があり、それを潜伏期と呼ぶ。

この潜伏期に検査をしても、多くの場合ウイルスは検出されず陰性と判定されることもある。分裂によって増殖する細胞などの生物には、このように姿を消し形態が観察できなくなる期間などない。生物でもなく無生物とも言えないウイルスの悩ましさと不気味さである。ウイルスの増殖は以下のような流れで行われる。細胞表面への吸着→細胞内への侵入→脱殻→部品の合成→部品の集合→感染細胞からのウイルス放出となる。

見えない微小粒子であるウイルスが、感染者の大声や激しい呼吸、咳、くしゃみなどで排出される分泌物と共に飛散する。その飛沫をヒトが吸い込み、あるいは手、口、眼に接触・付着したウイルスが粘膜に付着して体内に取り込まれる。そのウイルスの微細粒子が喉などの細胞表面に吸着し、気管支や肺などの細胞内に侵入、ウイルスの脱殻、部品合成、部品集合後、感染細胞で数を増やしたウイルスが一気に放出される。感染後、数日から2週間程度の潜伏期間を得て高熱を発するなどの症状を発出。感染すると、主に呼吸器、消化器官、肝臓、および神経系の疾患を引き起こす。悪化すると急性肺炎などにより死に至る。WHO（世界保健機関）によると、新型コロナウイルスの場合、感染しても80％の人がかぜ症状や聴覚味覚障害を訴えつつも1週間程度で軽症のまま治癒し、20％は呼吸困難、痰、咳、肺炎症状が出て入院。20％のうちの5％が集中治療室で人工呼吸管理を受け、5％のうちの2〜3％が死に至る可能性があるとしている。また、感染しても症状の出ない無症状感染者も多数いる。予防ワクチンはウイルスごとに製造し、臨床実験などを繰り返し安全性が確認されてから認定される。そのワクチンも、重症化を予防するものであって、感染を防ぐものではないという。

(2) パンデミックとの複合災害が起きる確率

ウイルスという名前は、「毒液」または「粘液」を意味するラテン語のVIRUSに由来する。古代ギリシャのヒポクラテスは病気を引き起こす毒という意味でこの言葉を用いたと言われる。ヒトの病気を起こすことがあるウイルスとしては、インフルエンザウイルス、ノロウイルス、コロナウイルスなどが知られている。

2019～2020年にかけて、世界を震撼させた新型コロナウイルス（COVID－19）は、中国・湖北省武漢市の生きた動物を売買する生鮮市場が発祥地と言われているが、発生源は明らかではない。ヒトからヒトへの感染・伝播は、ウイルスを含む分泌物への接触、呼吸器飛沫への接触を介して発生するが、排便などの糞口感染が起こるのか、またエアロゾル（空気中を浮遊する微粒子）によっての感染、感染し抗体ができた際の再感染の有無なども現時点では明確にはなっていない。

また、このウイルスがヒト－ヒト感染をどの程度起こしやすいのか、集団内でどのようにして持続的な感染が起こるのかも詳らかではないが、2002年のSARS（重症急性呼吸器症候群）よりも感染力が強く、伝播様式はインフルエンザに類似していると考えられている。WHOのテドロス・アダノム事務局長は2020年3月11日、新型コロナウイルス感染症の流行を「パンデミックとみなせる」と発表した。WHOによると、3月12日の時点で感染は114の国と地域に広がり、感染者は

過去のパンデミックを起こした感染症の死者数

1918年～1920年	スペインかぜ（死者5000万～1億人）
1957年～1958年	アジアかぜ（死者100万人）
1968年～1969年	香港かぜ（死者75万人）
2009年～2010年	A（H1N1）新型インフルエンザ（死者1万4142人）
2019年～2020年	COVID−19新型コロナウイルス（死者44万人以上／2020年6月18日現在）

11万8381人、死者は、4292人だった。100年前のスペインかぜ以来、5回目のパンデミックである。

単純に平均すれば、パンデミックは20年に1度の割合で発生していることになる。そして日本は災害多発国である。関東大震災（1923年）からの97年間に100人以上の犠牲者を出す大地震は16回発生している。日本は平均6年に1度、大地震に見舞われている国と言える。ほかにも、台風は毎年平均11個が日本の300㎞以内に接近し、毎年平均約3個上陸している。そして、パンデミックは20年に1度の割合で発生している。ということは、いつでもパンデミックと大規模災害が同時に発生する複合災害が起きる確率は極めて高いと言える。

関東大震災以後97年間に100人以上の犠牲者を出した大地震

関東大震災（1923年）	死者・行方不明者：10万5,385人
北但馬地震（1925年）	死者：428人
北丹後地震（1927年）	死者：2,925人
北伊豆地震（1930年）	死者：272人
昭和三陸地震（1933年）	死者・行方不明者：3,064人
鳥取地震（1943年）	死者：1,083人
昭和東南海地震（1944年）	死者・行方不明者：1,223人
三河地震（1945年）	死者・行方不明者：2,306人
昭和南海地震（1946年）	死者・行方不明者：1,443人
福井地震（1948年）	死者・行方不明者：3,769人
チリ地震津波（1960年）	死者：142人
日本海中部地震（1983年）	死者：104人
北海道南西沖地震（1993年）	死者・行方不明者：230人
阪神・淡路大震災（1995年）	死者・行方不明者：6,437人
東日本大震災（2011年）	死者・行方不明者：2万2,000人
熊本地震（2016年）	死者：273人

今回の新型コロナウイルスがこのまま収束に向かうのか、それとも第2波、第3波はあるのか誰にもわからない。しかし、人類の歴史はウイルスと自然災害との戦いでもあった。仮にコロナ禍が収束したとしても、次の感染症が蔓延する可能性もある。その時大規模災害が発生する可能性も否定できない。我々は平時から今回得た新生活様式だけでなく複合災害をニューノーマル（新常態）とした生活様式を受け入れていかなくてはならないのである。

(3) 未知のウイルスに本当の専門家はいない

専門家と言われる人でも、未知のウイルスであれば多角的な検証が終わるまで本当のことは分からない。「感染症専門医なら、今はテレビに出るより、現場の守りを固め一人でも多くの患者を救うことが優先」。これは、睡眠4時間で頑張っていた友人（医師）の言葉である。連日テレビ出演する専門家は、過去の類似ウイルスや時間の審判を得ないわずかな知見での発言が多い。当初、中国や韓国で行っていた街路や室内空間の消毒作業を見て、ある専門家は「あんなことしても何の効果もない」と言っていたが、エアロゾル感染や靴底ウイルス感染もあり得るとされる今は、もうそんなことを言う人はいない。ＷＨＯですら当初「予防目的でマスクを着用する必要はない」との見解を発表。それは世界的マスク不足へのエクスキューズだったかもしれない。すると「マスクは効果がない」「飛沫感染、接触感染以外の感染はない」「向き合って話をしても屋外であればまったく安全」「若い人には感染しない」「同じ部屋にいても、１ｍ離れていれば感染しない」などの発言が飛び交った。素人から見ても首をかしげることや、専門家によって言うことが正反対のこともあった。彼らは昨日までの知見による専門家であっても、明日（未知のウイルス）の専門家ではないからである。ＷＨＯの規定どおり、防護服、医療マスク、ゴーグル、手袋などで完全装備した医師や看護師まで、なぜ感染してしまうのか？ 真面目に手洗い、マスクを装着し咳エチケットを遵守していた人がなぜ感染するのか？ 納得できる説明は得られていない。

中には「今すぐ希望者全員にＰＣＲ検査（ポリメラーゼ連鎖反応テスト）を実施すべき」の主張を繰り返すコメンテーターもいる。それは視聴者の共感を得やすいフレーズではある。確かにほかの国と比較すると日本の検査数や体制に問題が多い。しかし、その背景の違いや医療現場の実態にも考慮する必要がある。それにＰＣＲ検査の精度は、高くても70％程度。感染しているのに30％は陰性と判定されてしまう可能性もある。

加えて現場では検査キット、防護服、医療マスク、ゴーグルなどの医療装備も人手も極端に不足していた。仮に医療装備品が足りていたとしても、次の患者に感染させないために装備の消毒や交換をしなければならない。そうした消毒・脱着・廃棄は１人ではできず、１回30分～１時間もかかる場合もある。装備も人手も不足している状態で、どうやって「今すぐに希望者全員のＰＣＲ検査を実施」できるのか。危機管理は究極のリアリズムである。発災直後は、できないベストを追求するのではなく、現状を踏まえよりベターを考え現実的な提案が重要なのではないだろうか。

ウォークスルー、ドライブスルー検査方式を導入する等、確かに韓国のＰＣＲ検査数は多い。４月28日時点で韓国の検査数は累計60万件で全国民の実施率は１％に達していた。ドイツに至っては累計２００万件、ロシアが累計３００万件、米国は累計５４０万件。それに引き換え日本は累計13万件に過ぎない。人口を考えても日本の検査数は極めて少ない。

なぜ韓国は検査キットを輸出できるほど態勢が整っていたのか？　それは韓国が５年前にＭＥＲＳ（中東呼吸器症候群）で手痛い経験をしていたからではないだろうか。報道によると、２０１５年５月、韓国で最初のＭＥＲＳ感染者が確認されたのはソウル近郊の平沢聖母病院。しかし、病院は病室にいた患者だけを隔離し、病院全体を隔離しなかった。韓国の一般的病院の病室は狭く、看護師の慢性人手不足（ＯＥＣＤ平均の３分の１）で家族が患者の世話をするのが普通で、その結果、入院患者の家族や外来患者など、感染者はソウル近郊に広がっていった。最初の患者が30人を感染させている。そして、大企業サムスン系列で、最先端医療機関であるサムスン・ソウル病院を中心に医療従事者と入院患者・外来患者を大勢巻き込んだ院内クラスターが発生する。

しかし、韓国政府はほとんど有効な初期対応を取らなかった。その上、なぜかサムスン・ソウル病院は国家の防疫システムから除外されていた。5月29日には同病院で14番目の感染者が見つかった。しかし、6月4日になるまで国に隔離者リストを提出していない。その後提出された隔離者リストの患者は30人だったが、その時点でもリストに含まれていない患者がほかに50人以上いたという。韓国のナンバーワン財閥「サムスン」を、政府が防疫システムの聖域にしていたことが感染を拡大させた要因であったと言われる。そのリストを国が公開したのはそれからさらに18日後だった。情報公開が遅れた理由について、大統領府は「医療産業における被害を懸念したためだ」と言い、保健福祉部長官は「被害や混乱を避けるため」とコメントしていた。医療は産業だという韓国政府は国民の健康より病院のイメージダウンを忖度し感染者発生の病院名を公開しなかった。後から知った国民は激怒する。全国で連日のように大規模なデモが繰り広げられた。

以来、韓国では国を挙げて防護服、医療マスク、フェイスシールドなどの装備品、検査キットを開発し大量に備蓄することになる。さらに狭い病院での院内感染に懲りて、ドライブスルー検査方式、屋外仮設ハウスでのブース検査方式、テントで行うウォーク検査方式、症状の出た人の自宅や診察先の病院に医療関係者が訪問し、検体を採取し検査に回すシステムの準備をして訓練を行ってきた。問診から検体採取まで7分で終了する態勢を整えていたのである。それには多数のマンパワーが必要となる。それを可能にしたのが医科大を卒業し国家試験に合格し、徴兵された「公衆保険医（公保医）」の存在である。通常は医療施設のない山間地や離島などで公保医として3年間務めるが、災害等が発生すると非常招集され緊急医療に当たることになっていた。今回の新型コロナウイルスが隣国中国で発生した時、MERSを教訓として公保医2700人以上が保健所、軽症者の収容施設に派遣された。さらに元公保医も多数動員した。その結果、ベテランの医師や看護師たちは集中して感染者対応ができ、驚異的スピードでPCR検査が実施できたのである。ちなみに、今もMERSは終息していない（図1）。韓国以外

図1　MERSは今も終息していない（2020年5月31日現在）

中東呼吸器症候群（MERS）の発生状況（2012年9月以降）

- ○ 2012年9月以降、アラビア半島諸国を中心に発生の報告がある重症呼吸器感染症で、WHO発表によると、2019年11月末までに報告された診断確定患者数は2494名（うち、少なくとも858名死亡）。
- ○ 患者が報告されている国：サウジアラビア、アラブ首長国連邦、ヨルダン、カタール、オマーン、クウェート、イエメン
- ○ 輸入症例が報告されている国：アルジェリア、オーストリア、バーレーン、中国、エジプト、フランス、ドイツ、ギリシャ、イラン、イタリア、レバノン、マレーシア、オランダ、フィリピン、韓国、タイ、チュニジア、トルコ、英国、米国

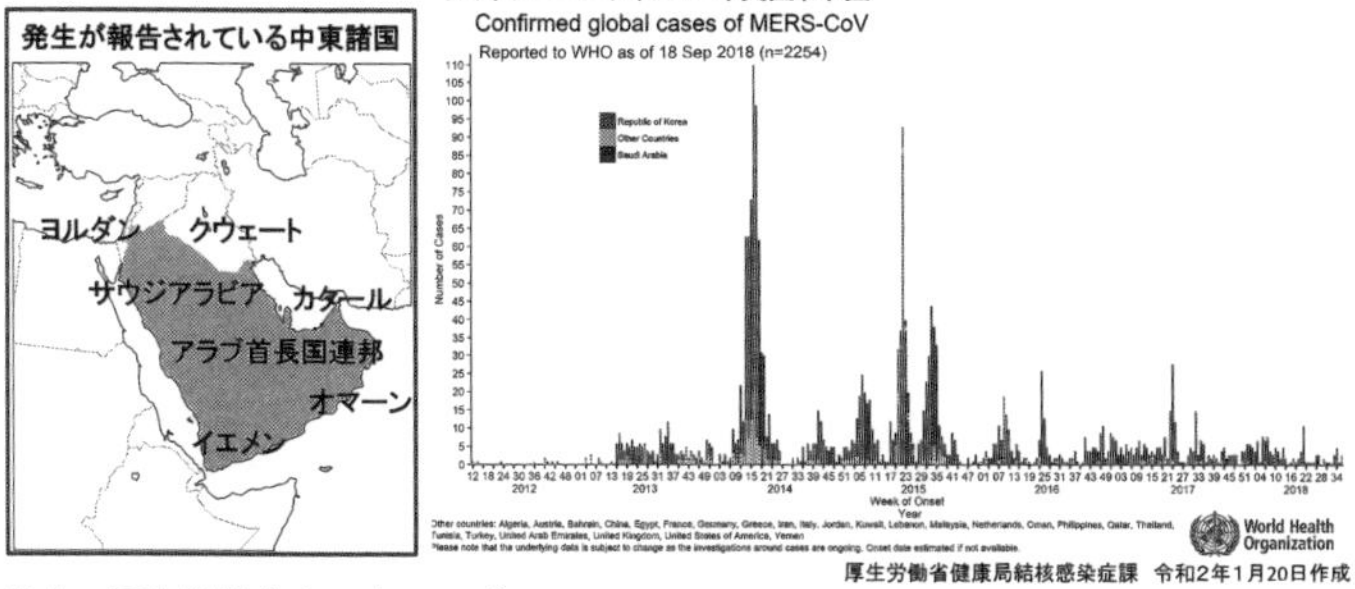

厚生労働省健康局結核感染症課　令和2年1月20日作成

出典：厚生労働省ホームページ

防災ひと口メモ

台湾から届いたマスク200万枚

2020年1月初旬、中国湖北省武漢市で新型肺炎が爆発的に拡大。1月30日までの春節連休で中国旅行者がどっとやって来た。日本が湖北省からの入国制限を発表したのは1月31日。その頃台湾は、1月21日に国内初の死者が出たことを受け、翌日から武漢市との団体旅行の往来を禁止。1月24日にはその対象を中国全土に拡大、2月6日には中国全土からの入国を全面禁止した。一方、2月13日に国内初の死者が出た日本が、中国からの入国制限を発表したのは3月5日。台湾は1月21日からマスクの10倍増産を始め、1人当たり2週間に9枚のマスクが自販機でも買えるようにしたが、安倍晋三首相が1世帯当たりマスクを2枚配布すると発表したのが4月1日。対応速度が両国の明暗を分けた、5月20日の段階で、日本の感染者1万6,385人、死者771人。台湾の感染者440人、死者7人。台湾は完全封じ込めに成功。

4月7日、日本政府はようやく緊急事態宣言を発出。その時、台湾の蔡英文総統は「手を携えてこの闘いに勝ちましょう」と日本語でツイッターに投稿し、日本にエールを送った。さらに「地震も台風も台日の協力で乗り越えてきました。だからこそ勝ってまた会いましょう！」と日本を激励している。東日本大震災の時も義援金253億円を送ってくれた台湾。我々は台湾に感謝し台湾に学ばなければならない。4月21日、「日本加油（がんばれ日本）」などと書かれた箱に入ったマスク（200万枚）が、台湾から成田空港に届いた。

でも、検査実施率の高い国は、生物兵器攻撃に備えていたからとも言われている。

徴兵制のない日本、第二次世界大戦期における陸軍の秘密部隊731部隊への批判、トラウマで、生物兵器対応が遅れていた日本。その日本と、徴兵制があり、生物兵器攻撃もあり得る北朝鮮との戦争に備えていた韓国とを単純比較することはできない。とはいってても後手後手の対応になったことを教訓として、日本も未知のウイルスを迎え撃つ万全の態勢を整える必要があることは言うまでもない。

2 感染弱者とその家族の感染予防法

感染弱者とは、2009年の新型インフルエンザ・パンデミックの時に私が創った造語である。従来は、感染した時に重篤になりやすい既往症のある人達をハイリスク群患者とか、基礎疾患のある高齢者などと呼んでいたが、すぐ耳に入りにくく分かりにくいので感染弱者とした。感染弱者の定義は「ハイリスク群患者を含め、罹患率の高い人及び感染した時に合併症などを発症し重篤に陥る危険性の高い人たち」としている。

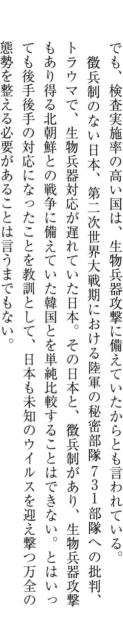

(1) ハイリスク群患者

・年齢を問わず、介護施設に入っており、病気にかかっている人
・慢性肺疾患（気管支喘息、慢性気管支炎、肺結核など）患者
・心疾患（僧帽弁膜症、鬱血心不全など）患者
・腎疾患（慢性腎不全、血液透析患者、腎移植患者など）患者
・代謝性異常（糖尿病、アジソン病など）患者
・免疫不全状態の患者
・乳幼児、もしくは10代でアスピリンの長期投与を受けている患者
・感染症流行時に、妊娠中期及び後期（28週以降）にあたる妊婦

緊急事態宣言発出時や感染症流行時、公的機関も業務を縮減しているし、社会福祉関係や保健所関係は感染症対策に追われ、感染弱者の支援まで手が回らないのが実情である。そのため、感染弱者とその家族は自力で命を守る行動を取らなければならない。

感染弱者とその家族の命は自分や自分たちで守ることになる。新型の感染症は重大な災害である。感染症流行の兆しが見えた時や、緊急事態宣言が出された時に、家族防災会議を開き、我が家の非常態勢を整え家族で助け合って厳しい試練を乗り越えるのである。

(2) 感染者が多いのは働き盛り、死亡者が多いのは70歳以上

新型コロナウイルスの年代別感染者を見ると、必ずしも高齢者が多いとは限らない。東京都に緊急事態宣言が出されて3週間目（4月28日段階）の年代別感染者数は表のとおり。

東京都の年代別感染者数（4月28日）

10歳未満	52人
10代	66人
20代	704人
30代	746人
40代	685人
50代	660人
60代	426人
70代	375人
80代	219人
90代	107人
100歳以上	2人

こうして見ると、感染者の年代で多いのは現役世代で行動力のある20～50代の人たち。報道によると感染経路の判明している推定感染場所は夜の繁華街が多いという。欧米でもクラスターが発生しているのは病院のほかだと、夜の酒場、ライブハウス、パーティーなど、社交性の高い場所が主要感染場所とされている。社会機能や経済活動を支える働き盛りの人は、感染症流行時に感染拡大を助長する媒介者になる危険性があると自覚するべきである。緊急事態宣言や外出自粛要請が出されたら、企業は社会機能維持に必要不可欠の業務を除き、原則80％以上の業務を縮減する必要があるとされる。特に、付き合いであっても夜の集まりや、夜の繁華街での飲食は厳に慎む必要がある。

一方報道によると、死亡者の年代では70代以上が7割を占めている。詳細は公表されていないが、亡くなった高齢者の約8割が基礎疾患を持っている人とされている。つまり、

感染弱者の死亡率が高いことになる。働き盛りの人たちが社会活動や社交を通じ感染し、家庭にウイルスを持ち帰り本人は軽症であっても、家族にうつす危険性があるので、3密防止行動と衛生・健康管理の徹底が不可欠となる。そして家族ぐるみで感染弱者対策が重要となってくる。

(3) 感染弱者の感染症予防

①　十分な睡眠と規則正しい生活。
②　栄養バランスの良い食事を心がける。
③　人混みを避ける。
④　不要不急の外出を避ける。
⑤　外出先では手荷物やバッグを床に置かない。
⑥　訪問者対応は両者ともマスク着用で1m以上離れるか、遮蔽物越しにする。
⑦　外出時はマスクと帽子を着用し、熱中症予防にも気を付ける。
⑧　人との距離は2mの距離を保つ。
⑨　帰宅時は消毒マットで靴底を消毒する。

⑩ 帰宅時は手荷物、バッグ、携帯電話、鍵などを消毒する。
⑪ 帰宅時は丁寧に手洗い、うがいを行う。
⑫ 人混みの中からの帰宅時は、シャワーを浴び、洗髪する。
⑬ 室内の換気をよくする。
⑭ 室内を50%以上の湿度に保つ。
⑮ 宅配便などは玄関の外に置いてもらい、極力接触を避ける。

感染弱者の中でも特に喘息などの呼吸器疾患、心臓疾患、糖尿病など基礎疾患のある方は、感染すると重篤になりやすいので、本人だけでなく家族も注意することが重要である。普段と異なる咳や呼吸（息遣い）及び発熱に気付いたら、直ちにかかりつけ医や保健所に相談し善後策を講じる必要がある。感染症流行時、感染弱者の家庭は厳戒態勢にある。特に、人混みや多数の人がいる密閉空間にいた場合は、手荷物、靴底、髪にもウイルスが付着している可能性があるので、持ち物の消毒だけでなく、シャワーや洗髪を心がける。また、付着を避けるために、帽子を被り、眼鏡をかけるなど防護対策が必要となる。

(4) 感染弱者のマナー1

①通院などで外出する前に、自宅で検温してから出かける。
②もし、発熱、関節や筋肉の痛み、倦怠感、味覚・嗅覚の異常など体調不良の場合は、外出せず、家族との距離を保って様子を見る。
③発熱が収まらなければ、かかりつけ医、発熱外来、保健所の相談センターに連絡し指示を仰ぐ。
④体調不良時に医師などの指示で、病院に行く場合はできるだけ公共交通機関を使わない。
⑤体調不良時にタクシーに乗る時は、窓を開けるなど換気に努める。
⑥体調悪化で救急車を呼ぶ場合は、事前に症状をきちんと説明する。
⑦事前にかかりつけ医と相談し、新型感染症の対応病院を紹介してもらっておく。
⑧ワクチンがあれば、かかりつけ医に相談し接種しておく。
⑨通院を控え、かかりつけ医とのオンライン診療や電話相談で済ませる。
⑩投薬は、ファックスや電話で郵送にしてもらうなど、極力人との接触を避ける。

3 咳エチケットから「新パンデミックエチケット」

咳やくしゃみをするときのマナーについて、３つの咳エチケットが厚生労働省のホームページに掲載されている。

(1) ３つの正しい咳エチケット（厚生労働省ホームページより）

① マスクを着用する（マスクをつけるときは、取扱説明書をよく読み、正しくつけましょう。鼻からあごまでを覆い、隙間がないようにつけましょう）。
② ティッシュ・ハンカチなどで口や鼻を覆う（口と鼻を覆ったティッシュは、すぐにゴミ箱に捨てましょう）。
③ 上着の内側や袖（そで）で覆う。

人にうつさないために当然遵守すべき内容だが、それに加え、感染拡大を防ぐために、また危機管理視点から、私は次のような新パンデミックエチケットを提案している。

(2) 危機管理視点の「新パンデミックエチケット」(咳エチケットプラス)

① 出かける前に検温などの体調チェック(発熱、頭痛などの自覚症状の有無を確認)。
② 発熱などの症状があれば、外出せず、家族と距離を取り自宅で様子を見る。
③ 発熱が続くようであれば、保健所の相談センターやかかりつけ医に相談し指示を仰ぐ。
④ もし、体調を崩して病院に行く場合は、できるだけ公共交通機関は避ける。
⑤ 止むを得ず公共交通機関を利用する場合は、混み合う時間帯、混み合う車両を避ける。
⑥ 咳やくしゃみをする場合は、人から離れ、ハンカチや袖で鼻と口を押え、しゃがんでする。
⑦ 公共交通機関に乗った時や訪問先で、手荷物やバッグを床に置かない。
⑧ できるだけ対面での面談を避け、テレワークやビデオ電話で対応する。
⑨ 面談する時は室内でも互いにマスクを着用し、真正面に座らない。2m程度離れて対応する。
⑩ 感染の有無にかかわらず、毎日の行動と濃厚接触者名を時系列で記録しておく。
⑪ 万一発症したら、過去2週間に行った場所と濃厚接触者の名前を書き出して保健所などに連絡する。
⑫ 宅配便は、玄関の外に置いてもらうための荷物置台を用意しておく。

⑬ 施設等への出入りや帰宅した時は、手指消毒、靴底消毒、うがいをする。
⑭ 施設等への出入りや帰宅した時は、手荷物、バッグ、携帯電話、鍵等を消毒・清拭する。

従来の咳エチケットは、マスク着用と共に咳やくしゃみをする時は「人のいないほうを向いて、ハンカチや袖で鼻や口を押える」となっていた。しかし、公共交通機関や室内の場合、ハンカチをしていても咳やくしゃみの微粒子が飛散する可能性がある。そこで、咳やくしゃみはできるだけ人から離れ、しゃがんでするのが新パンデミックエチケットである。立ったまま咳やくしゃみをするのと、しゃがんでした場合を比較すると、立ったままだと前方に向かって180度エリアに飛沫が飛ぶ。しゃがんですると、限られた広さにしか飛沫が飛ばないので、飛散範囲は3分の1から5分の1に抑えることができる。また、人混みの中を通った時や、手すりやつり革を触った手でバッグや手荷物を持てば当然ウイルスが付着する可能性があるので、訪問先の出入りや帰宅時に、バッグや手荷物や携帯電話など、外部で触れた持ち物をアルコールや除菌ティッシュなどで消毒する必要がある。そして、ニューノーマルマナーとして広めてほしいのが「電車やバスの中などで手荷物やバッグを床に置かないこと」である。

くしゃみや咳の飛沫は最終的には床などに落下する。床に落ちたウイルスは数時間から

防災ひと口メモ

心に響かないカタカナ言葉

小池百合子東京都知事は、コロナ感染拡大防止策を説明する会見で、クラスター、ロックダウン、ステイホーム、オーバーシュート、ソーシャルディスタンス、東京アラートというようにカタカナ言葉を多用している。このカタカナ言葉を高齢者などがどれほど理解したか疑問である。生死にかかる自粛要請であるならば、すべての人に分かりやすい言葉を使うのが当然であり、リーダーとしての優しさである。

クラスターは、感染学や統計学用語なので専門家が使用するのは当然だが、政治家は集団感染でいいのでは。それにステイホームもいいが、アメリカではシェルター・イン・プレイス（屋内避難勧告）や、ステイ・アット・ホーム・オーダー（屋内退避命令）と言う。ステイホームより「屋内退避勧告」の方がよほど分かりやすい。爆発的感染拡大という意味でオーバーシュートと言っているようだが、本来は「行き過ぎ」という意味であって、欧米ではアウトブレイク（感染患者急拡大）が使われる。ロックダウン（都市封鎖）は、罰則のある強制的外出制限を実施する国の場合であって、要請ベースの日本で使うべき言葉ではない。

一方で、都の措置内容などを見ると、休業要請対象などは国よりも一歩先んじた危機管理を模索していた。それらを勘案して、都市封鎖、屋内避難勧告などの言葉だと率直過ぎて、都民に衝撃を与える可能性があるので、和らげる意味でカタカナ語を使ったのだという見方もある。それでも私は、分かりにくいカタカナ言葉は心に響かないと思っている。

数日活性化状態を保っている可能性があるので、床に手荷物やバッグを置かない事をエチケットに加えるべきである。でないと、いくら手指消毒をし、手洗いを励行しても床に飛散したウイルスがバッグや手荷物と一緒にフリーパスで室内に入ってきてしまう。こうした衛生マナーを徹底して安全文化にする必要がある。

第2章

202X年、アイツもやってくる！

1 段取り八分

感染症×大規模地震の複合災害が発生すれば、感染拡大の不安と大揺れや大津波の恐怖、さらにインフラ断絶が、困難に拍車をかける。断水でこまめな手洗いは難しくなり、停電で十分な換気が期待できない。被災者に寄り添い支援したくても、すぐにボランティアが近づくことができない。ソーシャルディスタンスを保てば避難所に収容できる避難者は従来の半数以下になる。受付で検温しなければならなくなり、炊き出しも自粛せざるを得ない。災害による救出救助だけでなく持病の悪化対応や、消毒、発熱者対応にも追われる。仮に新型コロナウイルスが収束しても、感染症は繰り返し人類に試練を強要し、踏み絵を突き付けてくる。それは想定できる複合災害である。感染症が流行している時に大規模災害が発生する場合もあれば、大規模災害が発生している最中に感染症が流行する場合もある。それも感染症と災害の種類によっても求められる対応が変わってくる。「その時、どうなる、どうする」は、今のうちに災害ごとに、複眼的に考え準備しておかなければならない。

「段取り八分」というように、腕のいい職人は段取りに心血を注ぐ。防災・危機管理も同じである。何か起きてから対応できることはせいぜい2割でしかない、すべての防災・

危機管理は事前対策が8割である。１００年前に猛烈な感染症（スペインかぜ）事例があり、10年前にも新型インフルエンザ（Ｈ１Ｎ1型）がパンデミックを起こした。収束後その対応を総括した時、事前準備、衛生・医療装備の備蓄、医療崩壊防止マニュアルの策定の必要性が叫ばれた。しかし、人間は忘れる動物である。自分に都合の悪い情報は、見たくない、聴きたくない、考えたくないのである。そして、目の前で起きない限り、そうした災害は起きるとしてもずっと先であり、今すぐ考えなくてもいいテーマとして片隅に追いやられてしまう。今回も10年前のことはすっかり忘れていたため、初めて経験するように思えて呆然とした人たちが多かった。

その結果が後手後手対応である。マスクをはじめ、検査キット・医療装備の絶対量不足、感染症受け入れ病院設備や施設の不備、人材不足などなど、国家の危機管理不在を露呈してしまった。想定外とは想定できることを想定しなかったものの言い訳でしかない。感染症パンデミックが平均20年ごとに起きるのが分かっていながら、日本はマスクをはじめ医療装備品のほとんどを中国に依存していた。中国で感染が拡大すれば、それらは日本に入ってこない。グローバル化時代は国際分業化が基本と考えられているが、そこに国家の安全保障という危機管理が欠落している。今回のコロナウイルスの治療薬として期待されている抗インフルエンザ薬「アビガン」は富士フィルムホールディングスの系列会社で製造している。しかし、海外の基本特許が切れているので中国では後発薬（ジェネリック医薬品）として、すでに生産を開始している。日本政府は急遽増産計画を掲げたが、なんとその原料は中国からの輸入であったため、あわてて原材料の国内生産へ切り替えに動いたが時間がかかるという。マスクも含め、命にかかわるものは自給体制が原則である。そして、複合災害への準備は、忘れないうちに今すぐに取り掛からなくてはならない。安全・安心は準備に比例する。すべての防災対策は事前対策、段取りが大切である。そこで、次項からは感染症×大規模災害で何が起きるかを検証していく。

2 南海トラフ地震×感染症

(1) 南海トラフ地震とは

南海トラフ地震が発生した場合、国の被害想定によると、大揺れ、大津波で最大208万棟が損壊し、880万人の避難者が避難所に押し寄せる広域大規模災害になるという。その上、感染症が流行していれば未曽有の被害を出す複合災害となる。避難所でクラスター（感染者集団）が発生すれば、想定死者数の23万1000人に加えて多数の関連死が出る可能性がある。過去の事例を見ると、宝永の南海トラフ地震である宝永地震（1707年）の時は、49日後に富士山が噴火し江戸にも大量の灰が降った。その時、インフルエンザも流行しておりトリプル複合災害となった（詳細は60頁〜参照）。

地震防災で言うトラフとは、細長い海底盆地で、深さ6000mより浅いものを言う。それよりも深いものは海溝と呼ばれる。プレートテクトニクス理論で海溝は、海洋プレートが他のプレートの下に沈み込む場所（沈み込み帯）とされている。南海地震、東南海地震、東海地震などを起こす南海トラフは、海溝よりは浅いが海溝と同じ沈み込み帯である。日本列島を載せているユーラシアプレートの下に、海のプレートのフィリピン海プレートが北西方向へ年間3〜4cm沈み込んでいる。沈み込みによるひずみは両プレート内に年々蓄積され、限界に達した時に海溝型の巨大地震が発生する。南海トラフでは、平均すると100〜200年の間隔でマグニチュード（以下、「M」）8クラスの巨大地震が繰り返し発生している。

こうして見ると、巨大地震または連続地震が数十年から200年前後で起きている。国の地震調査研究推進本部（以下、「地震本部」）の長期評価によると、南海トラフ沿い地震の発生確率は、今後30年以内で70〜80%程度、50年以内では90%程度としている。つまり、いつ起きても不思議ではなく、想定されるエネルギーの大きさは最大M9・1で、大津波の襲来も想定されている。詳細は不明だが、正平（康和）年間1361年に東海地震と南海地震が時間差で連動して発生したようである。ともかく、南海トラフの特徴は、1つ地震が発生すると連続して次の地震が発生する連動性が高いことである。安政東海地震（1854年）の32時間後に安政南海地震が発生。昭和東南海地震（1944年）の2年後に昭和南海地震が発生している。それぞれ大津波にも襲われている。

南海トラフで発生した巨大地震

684年	白鳳（天武）地震
887年	仁和地震【203年】
1096年	永長東海地震【209年】
1099年	康和南海地震【3年】
1361年	正平（康安）東海地震【262年】
1361年	正平（康安）南海地震【0年】
1498年	明応地震【137年】
1605年	慶長地震【107年】
1707年	宝永地震【102年】
1854年	安政東海地震【147年】
1854年	安政南海地震【0年】
1944年	昭和東南海地震【90年】
1946年	昭和南海地震【2年】

【　】内の数字は前回の地震との間隔（年）を表している。
作成：筆者

(2) 南海トラフ地震の想定シナリオ

国の中央防災会議（会長・安倍晋三首相）は2019年5月31日、南海トラフ地震の新たな課題として、東西に広がる南海トラフ地震の震源域の半分でM8級の地震が起きる「半割れ」が起きた場合の対応を公表した。東海地震、東南海地震、南海地震のすべてが同時に動く場合もあるが、安政東海地震や昭和東南海地震のように、最初に南海トラフの東側震源域で「半割れ」地震が起きたあと、西側の震源域が連動してM８級の地震が発生するというシナリオである。半割れ地震発生後、南海地震の震源域など西日本の広い地域に1週間程度の避難勧告や自主避難を呼びかけることになるので、自治体がその準備をすることも「南海トラフ地震防災対策推進基本計画」に盛り込まれた。最初の地震がM７・０以上でM８・０未満の場合は、想定震源域の広い領域で地震が発生していないため「巨大地震注意対応」で、後発地震の規模は最大クラス（M９級）を想定する。また、最初の地震がM８・０以上の場合、「巨大地震警戒対応」とし、後発地震についても最大クラス（M９級）の地震を想定することになっている。さらに、２０１３年に試算していた南海トラフ地震の想定死者数は32万４０００人だったが、２０１９年には防災意識が高まったことなどを理由に死者数は23万１０００人に3割減った試算もあわせて公表した（図２）。

２０２０年1月24日、地震本部の地震調査委員会は「南海トラフ沿いで発生する大地震の確率的津波評価」を公表した。内容は、今後30年以内に海岸の津波高（最大水位上昇量）が３m以上、５m以上、10m以上になる超過確率として示したものである。確率は０～６％、６～26％、26～１００％の区分で表されている。例えば、伊豆半島の一部、渥美半島の一部、紀伊半島、高知県などでは津波高３mの場合、伊豆半島から四国までの沿岸の広い地域が26％以上の確率とされている。これだと、「一般住民には分かりにくい津波評価」である。これまで南海トラフ地震の発生確率が30年以内に70～80％で、最大震度7。予想津波高は最大34・4mなどと想定されていたのが、急に「3m以上の津波高の確率が26％」と言われても一般の人には何が何だか分からない。かえって混乱を招くのではなかろうか。専門家しか理解できない確率論の発表にどれほどの意味があり、防災効果があるのかは極めて疑問である。

こうした発展途上の地震学による確率や被害想定に一喜一憂せず、日本中、いつでも、どこでも震度6強の揺れと海岸線では15m以上の津波に備えることが大切であ

図2　南海トラフ地震／東側で地震が発生した場合・西側は「巨大地震警戒対応」

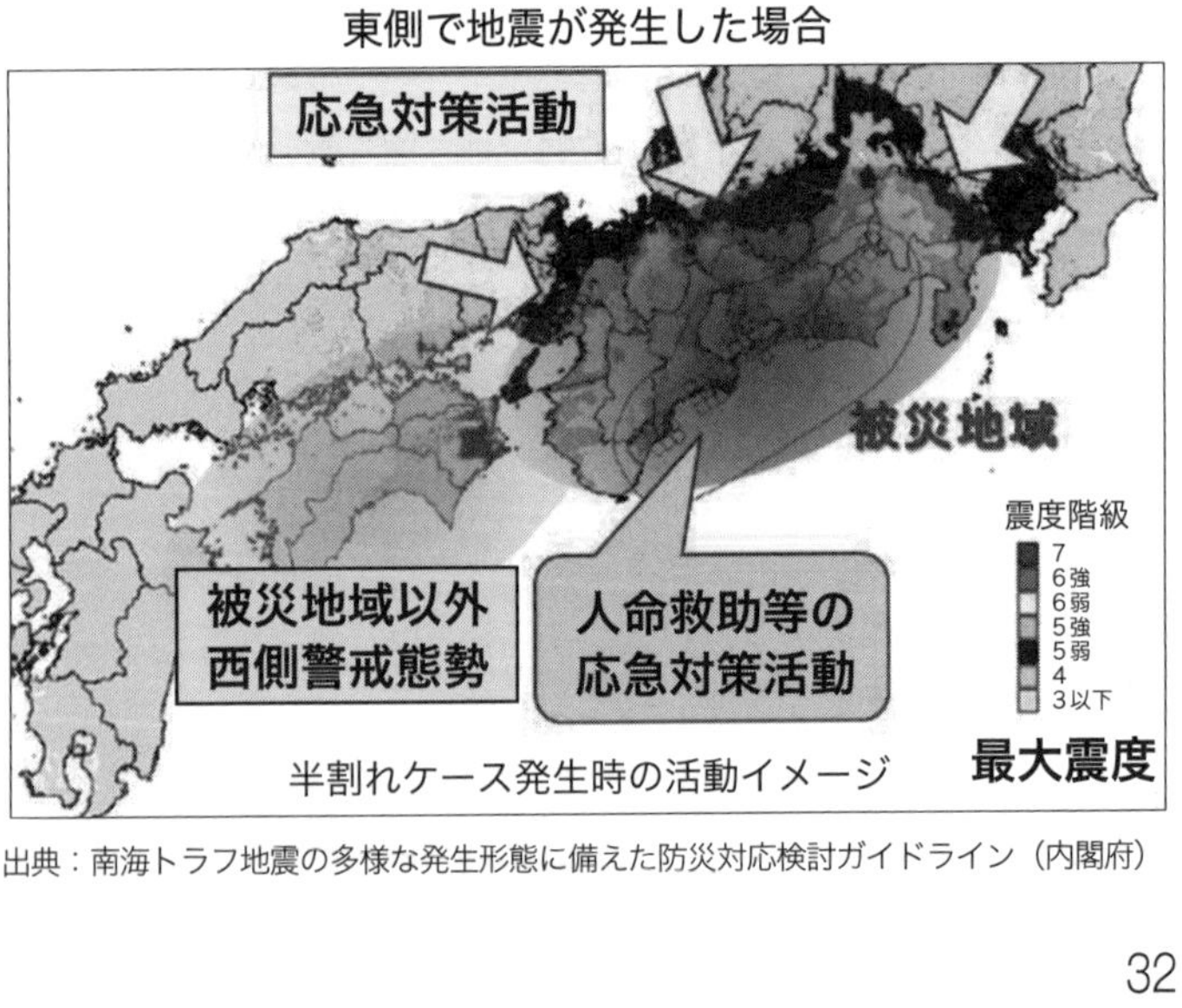

出典：南海トラフ地震の多様な発生形態に備えた防災対応検討ガイドライン（内閣府）

る。南海トラフ巨大地震は、東日本大震災（2011年）と異なり、震源域は極めて陸に近い（かなりの部分陸域）ため、地震の揺れは直下地震のように激しく、地域によっては最大震度7の揺れが襲う可能性がある。南海トラフに限らず、全国の大規模地震対策の1丁目1番地は「まず、大揺れから命を守る」準備と行動である。各地震に共通する地震対策の原則を次に掲げる。大規模地震が発生しても、家が壊れなければ避難せずに在宅避難生活ができる。複合災害対策としても今まで以上に「逃げる防災だけでなく、安全な家にする（住む）防災」が求められている。

(3) 大規模地震対策の共通事項

1 耐震性の確認

事前に確認すべきは自宅の地形・地盤・地質が安全かどうか、立地にかかわる危険性の有無。さらに、その建物の耐震度（築年数、品確法の耐震等級、耐震診断結果等）の確認が重要である。南海トラフ地震の被害想定（2019年6月）でも、建物倒壊による死者は最悪6万5000人となっている。建築基準法の耐震基準が強化された1981年5月3日以降に建築された建物は、新耐震基準建物として一定の耐震性があるとされる。また、1999年6月23日に公布され、2000年4月1日から施行された品確法（住宅の品質確保の促進等に関する法律）に基づく性能評価（耐震等級）も確認しておく。耐震等級は1〜3まであり、それぞれの性能評価は国土交通大臣に登録した「登録住宅性能評価機関」が行う。

既存建物における耐震性の有無は、都道府県が建築士などから登録した耐震診断士に依頼し耐震診断を行うことができる。耐震性が低い場合は耐震補強をしておく。自治体によって耐震診断や耐震補強に関する費用の助成制度があるので、地域の市区町村に相談するとよい。また、建物だけでなく、自宅を囲むブロック塀などの耐震性の確認も重要である（2018年の大阪北部地震ではブロック塀の下敷きで小学生が犠牲になっている）。

建物などの耐震確認をしたら、室内の転倒落下防止対策、ガラス飛散防止フィルムの貼付など家と室内の安全対策が重要。阪神・淡路大震災（1995年）の負傷原因の46％が家具類の転倒・落下によるものと

耐震等級の基準

耐震等級1	数百年に1度発生する地震（震度6強から震度7程度）の地震力に対して倒壊、崩壊しない程度。また、数十年に1度発生する地震（震度5強程度）の地震力に対して損傷しない程度。（建築基準法）
耐震等級2	数百年に1度発生する地震（震度6強から震度7程度）の1.25倍の地震力に対して、倒壊、崩壊しない程度。数十年に1度発生する地震（震度5強程度）の1.25倍の地震力に対して損傷しない程度。（建築基準法の1.25倍）
耐震等級3	数百年に1度発生する地震（震度6強から震度7程度）の1.5倍の地震力に対して、倒壊、崩壊しない程度。数十年に1度発生する地震（震度5強程度）の1.5倍の地震力に対して損傷しない程度。（建築基準法の1.5倍）

出典：住宅の品質確保の促進等に関する法律から抜粋

される。新潟県中越地震（２００４年）でも41％が家具類の転倒・落下によるものであった。南海トラフ地震の被害想定でも負傷者数は最大52万５０００人と想定されている。特に負傷者の約半数がガラス飛散によるものである。事前に防災ガラスに換えるか、ガラス飛散防止フィルムを貼っておく必要がある。

② 安全ゾーンの設定

そして、地震対策で重要なのは、家庭や職場に「安全ゾーン」をつくっておくことである。安全ゾーンとは、転倒落下物の少ない、ガラスなどから離れた閉じ込められない場所のことを指す。地震発生時の退避行動は「机の下に身を隠す」が知られている。それも間違いではない。身体が不自由な場合、ほかに避難する余裕がない場合、極めて耐震性の高い建物の中にいた場合などは「机の下などに身を隠す」行動でいい。だが、それは絶対ではない。古い木造家屋だと倒壊する危険性がある。倒壊しないまでも天井が落下したり、ドアが変形して閉じ込められたりした場合、火災やガス漏れが発生したら逃げ

安全ゾーン（セーフティゾーン・Safety Zone）

某スーパー（撮影：筆者）

遅れる危険性がある。私が勧める安全ゾーンの1つは玄関。玄関は比較的狭いところに太い柱が四方にあって一定の強度がある。そして、玄関はいざという時に外部へ脱出できる場所である。ただ、大揺れでドアが変形するおそれがあるので直ちにドアを開け、サムターンやストッパーで手を放しても閉まらないようにして靴を履くことである。よく、地震の時はトイレが安全という人もいるが、今のトイレは機密性が高い。ドアが変形すれば閉じ込められるおそれがある。だから、小さな揺れを感じたり緊急地震速報が鳴ったら、すぐに玄関にいってドアを開ける癖をつけておくといい。

特に古い木造家屋の1階にいたら、倒壊の危険性があるので玄関に退避し危険と思ったら外へ脱出すべきである。そのためにも、玄関までの通路に物を置かないことである。阪神・淡路大震災や熊本地震で亡くなった人の多くが古い木造家屋の1階にいて建物の下敷きで犠牲になっている。古い木造家屋の2階にいたら、あわてて1階に降りないで、そのまま2階の安全な場所にいたほうがいい。つまり、居る場所によって地震時の行動は変わるのである。「地震イコール机の下」という固定観念にとらわれず、その状況に応じて行動できるように普段からシミュレーションしておくべきである。

南海トラフ地震で震度6強以上の揺れに襲われると想定される地域の企業や役所も、安全ゾーンを今のうちに設定しておく必要がある。東日本大震災の後に南海トラフ地震の被害想定が作成されたこともあり、被害のポイントが津波高に偏ってしまったように思われる。そのため、危険なのは海岸地域で、内陸部は安全というイメージを持っている人たちもいるが、前述したように南海トラフ地震の震源域は陸域を巻き込んだ位置にある。となれば、内陸部でも猛烈な揺れに見舞われる可能性がある。それが想定されていながら、大揺れから身体生命を守る準備なく被害が発生すれば、組織の責任者や管理者に「安全配慮義務違反」の責任が追及されるおそれがある。そのためにも、従業員・職員だけでなく、施設の利用者などが地震発生直後に安全確保できる場所「安全ゾーン」を設定し明確に場所を掲出しなければならないのである。

(4) 南海トラフ地震の被害想定

① 建物被害208万棟、死者23万人

これは南海トラフ地震の地震動ケース（陸側）、津波ケース（ケース①）の場合に、東海地方が大きく被災するケースで、風速8mの冬の午後6時における主な被害想定（2019年6月・内閣府）である。

この被害想定の再計算は2019年6月に行われたもので、当然感染症流行による避難所内クラスター（感染者集団）や、それによる関連死などはまったく想定していない

数字である。仮に想定したとしても、約390～460万人が避難する避難所で3密防止対策やソーシャル・ディスタンス（社会的距離）を取ることは極めて困難である。もし、衝立で仕切り、距離を開けて収容するとしたら現在の指定避難所を倍に増やしても足りない。

また、約240～420万人が避難所外に避難すると想定しているが、感染症流行時に親戚や知人宅で長期に受け入れ可能なのか。被害想定や想定様相を大幅に見直す必要がある。内閣府は新型コロナウイルスによる緊急事態宣言後に各自治体へ避難所の感染防止対策の準備を進めるよう通知を出した。

その主な内容は、

主な被害想定（風速8mの冬の午後6時）

・揺れによる全壊	107万1000棟
・液状化による全壊	11万9000棟
・津波による全壊	15万6000棟
・急傾斜地崩壊による全壊	6600棟
・地震火災による焼失	66万棟
★全壊及び焼失棟数合計	**208万4000棟**
・建物倒壊による死者	4万5000人
・津波による死者	11万1000人
・地震火災による死者	1万4000人
・ブロック塀・自販機の転倒、屋外落下物による死者	800人
★死者数合計	**17万1000人**
・1日後・避難所避難者数	390万人
・1日後・避難所外避難者数	240万人
★1日後・避難者総数	**630万人**
・1週間後・避難所避難者数	460万人
・1週間後・避難所外避難者数	420万人
★1週間後・避難者総数	**880万人**
★1か月後・避難者総数	**810万人**

出典：内閣府中央防災会議専門会議資料

・通常の災害時よりも可能な限り多くの避難所を開設する。
・過密状態になるのを防ぐため、可能な場合は親戚や友人宅などへの避難を検討する。
・避難所へ到着時に避難者の健康状態を確認する。
・十分な換気とスペースを確保する。
・発熱やせきなどの症状が出た避難者のための専用スペースを確保。可能な限り個室で専用のトイレが望ましい。

としているが、すべて「言うは易く行うは難し」の課題ばかりである。民間事業所、旅館、ホテルなどを、市区町村が避難所として指定する場合の補償問題、高齢者や基礎疾患を持つハイリスク患者等の避難者を受け入れる「福祉避難所」の整備など時間のかかる課題も多い。国は2020年度補正予算の地方創生臨時交付金という一過性の措置ではなく、継続的な財政支援策が必要である。

そして、避難先は避難所だけでなく「分散避難」を呼びかけなければならない。避難しなければならない人全員が、一目散に避難所に避難すれば現状環境で3密は防げない。そこで、安全が確保できた人は在宅避難を原則として、避難する場合も近くの自治会館、親戚・知人宅、車中避難、テント泊など分散避難を選択してもらう必要がある。そのためには、住民に正しい知識と意識を持ってもらうことである。今のうちに意識啓発に力を入れておくべきである。今から行動を起こさなければ間に合わない。そうした感染症×大規模災害時の避難所運営方法については第5章で詳しく提案する。南海トラフ地震で損壊するのは家屋だけでなく、社会インフラも広域にわたり損壊し被害を受ける可能性が高い。

南海トラフ地震で損壊すると予測される社会インフラ

上水道	・**地震直後**／東海3県（静岡、愛知、三重）で約6～8割、近畿3府県（和歌山、大阪、兵庫）で約4割～6割、山陽3県（岡山、広島、山口）で約2～5割、四国で約7～9割、九州2県（大分、宮崎）で約9割の需要家が断水する。管路が概ね復旧するまでに約1か月かかる可能性がある。
下水道	・**地震直後**／東海3県で約9割、近畿3府県で9割、山陽3県で約3～7割、四国で約9割、九州2県で約9割の需要家で処理が困難になる。8割方復旧するまでに約1週間かかる可能性がある。
電力	・**地震直後**／東海3県で約9割、近畿3府県で約9割、山陽3県で約3割、四国で約9割、九州2県で約9割の需要家が停電する。約9割以上の停電が解消するまでに約1週間かかる可能性がある。
通信	・**地震直後**／固定電話は東海3県で約9割、近畿3府県で約9割、山陽3県で約3～6割、四国で約9割、九州2県で約9割の需要家で通話できなくなる。携帯電話は、東海3県で最大約1割、近畿3府県で最大約1割、山陽3県で最大1%弱、四国で最大約1割、九州2県で最大約1割の基地局が停波する。通信ネットワークが機能するエリアでも、大量のアクセスにより輻輳が発生し、固定系及び移動系の音声通信がつながりにくくなる（90%程度規制）。 なお、移動系のパケット通信では、音声通信ほど規制を受けないもののメール遅配等が発生する可能性がある。8割～9割復旧するまでに約1週間前後かかる可能性がある。
ガス（都市ガス）	・**地震直後**／東海3県で約2～6割、近畿3府県で最大約1割、山陽3県で最大約1割、四国で2～9割、九州2県で約3～4割の需要家で供給が停止する。8割方復旧するまでに約1か月かかる可能性がある。

高速道路・一般道路	・**地震直後**／震度6弱以上となる東海地方一帯・紀伊半島・四国・瀬戸内海沿岸・九州南東部では概ね6㎞につき1か所程度の割合で被害が発生する。 震度6強以上の揺れを受けた幅員5.5m未満の道路の5割以上が通行困難になる。沿岸部の津波浸水深が1～3mのエリアでは3㎞につき1か所程度の被害が発生。津波により被災した場合、ほぼ全ての浸水した道路が通行困難になる。 高速道路は震度6強以上エリアを通過する東西幹線交通（東名、新東名）は、被災と点検のため通行止めとなる。中央自動車道は点検の後通行可能となる。本州と四国を連絡する道路のうち、震度6強以上の揺れが想定される神戸淡路鳴門自動車道、瀬戸中央自動車道が被災と点検のため通行止めとなる。中国地方は瀬戸内海沿岸を除き震度6強以上となる地域が限定的であり、高速道路の機能は概ね維持される。その他、点検のための交通規制、跨道橋の落下、高速道路の出入り口と市街地等を結ぶ一般道路の施設被害等により通行困難となる。 ・**3か月後**／高速道路は約1か月後に一般車両を含めて通行可能となる。ただし、地盤変異による大変形や津波による流失が生じた橋梁の一部は、3か月後も通行不能が継続する。
新幹線・在来線	・**地震直後**／新幹線は、電柱、架線、高架橋の橋脚等に被害が生じ、東海道・山陽新幹線の全線が不通になる。土木・保線に係る被害は全国の新幹線で軌道の変位等の被害が約200～300か所発生する。震度5強以下の区間（三島以東、徳山以西）については、地震発生当日のうちに点検が終了し、運行再開する。 在来線は、震度6弱以上となる愛知県、三重県、奈良県、和歌山県、大阪府、四国4県のほぼ全線、静岡県、山梨県、宮崎県の広い範囲、及び長野県、滋賀県、京都府、兵庫県、岡山県、広島県、山口県、大分県、鹿児島県の一部において500mに1か所の割合で軌道が変状するほか、電柱、架線、高架橋の橋脚等に被害が生じ全線が不通になる。上記区間以外にも、震度5強以下の地域における鉄道路線は、軌道の変状等により、一部不通となり、全国の在来線等で約1万3000～1万8000か所の被害が発生する。 ・**1か月後**／東海道・山陽新幹線は、震度6弱以上の区間については、設備点検の結果に応じて補修を実施し、1か月以内に全線で運転を開始する。 在来線のうち、津波被害を受けていないエリアの一部復旧区間で折り返し運転が開始され、震度6弱以上の揺れを受けた路線の約50%が復旧する。東海道本線、山陽本線、日豊本線等の主要路線から順次運行を開始する。

出典：内閣府中央防災会議

社会インフラの復旧や運行再開などのシナリオが被害想定に入っているが、被災が広範囲にわたることから、資機材や人員が不足し復旧は大幅に遅れる可能性がある。また、感染症流行時に広域の大規模災害が発生すると、救出・救護や救急医療体制のさらなる混乱は避けられず、医師、看護師、ベッド、医療機器などの不足により深刻な状況となる。ましてや800万人の避難者をどうやって受け入れ、ケアできるのか。今のうちに地域ごとに感染症対策と必要資器材の整備などの非常態勢を整えておかないと、二次的な犠牲者が多数生じることになる（避難所対応は第5章参照）。

3 首都直下地震×感染症

(1) 避難者720万人、帰宅困難者800万人

1 災害難民と地震モデル

感染症×首都直下地震の複合災害が発生すれば、多数の災害難民を生み出す可能性がある。向こう30年以内にM7級の地震発生確率が70%とされる首都直下地震。最悪の場合

・避難者数は最大で720万人

・帰宅困難者が最大で８００万人

避難者と帰宅困難者で計約１５２０万人が避難所などに避難することになる。しかし、どこにもそれだけの人数を受け入れられる施設も能力もない。電気、水道だけでなく情報インフラも支障をきたしていれば大混乱に陥る危険性がある。その上、感染症が流行していれば、行き場を失い恐怖と不安に苛まれた人たちが集団になって被災地外を目指し、災害難民状態になる可能性がある。

日本の約3分の1の面積が大揺れと大津波に襲われる南海トラフ地震に比較すると、首都直下地震は局所的ではある。しかし、その局所地域に日本の人口の3分の1が住み、ＧＤＰの3分の1を占め、経済や政府の中枢機能が集中している。集中しているがゆえに多数の被災者・避難者・帰宅困難者が生じ、場合によっては各所でクラスター（感染者集団）が発生する危険性もある。国の中央防災会議（首都直下地震対策検討ワーキンググループ）が２０１３年12月に発表した「首都直下地震の被害想定と対策（最終報告）」から主な内容を抜粋する。首都直下地震と言っても想定するモデルは19地震ある。

表に示したものが想定される首都直下地震と言われるものだが、あくまで首都圏の直下で起きる地震だけであり、関東大震災（１９２３年・Ｍ７・９）や延宝房総沖地震（１６７７年・Ｍ８・３）などの海溝型地震は対象とされていない。

首都直下地震の想定19モデル

①	都心南部直下地震	Mw7.3
②	都心東部直下地震	Mw7.3
③	都心西部直下地震	Mw7.3
④	千葉市直下地震	Mw7.3
⑤	市原市直下地震	Mw7.3
⑥	立川市直下地震	Mw7.3
⑦	川崎市直下地震	Mw7.3
⑧	東京湾直下地震	Mw7.3
⑨	羽田空港直下地震	Mw7.3
⑩	成田空港直下地震	Mw7.3
⑪	さいたま市直下地震	Mw6.8
⑫	横浜市直下地震	Mw6.8
⑬	茨城県南部地震	Mw7.3
⑭	茨城・埼玉県境地震	Mw7.3
⑮	関東平野北西縁断層帯地震	Mw6.9
⑯	立川断層帯地震	Mw7.1
⑰	三浦半島断層群主部地震	Mw7.0
⑱	伊勢原断層帯地震	Mw6.8
⑲	西相模灘の地震	Mw7.3

出典：「首都直下地震の被害想定と対策（最終報告）」抜粋

図3　首都直下地震／都心南部直下地震（M7.3）震度分布図

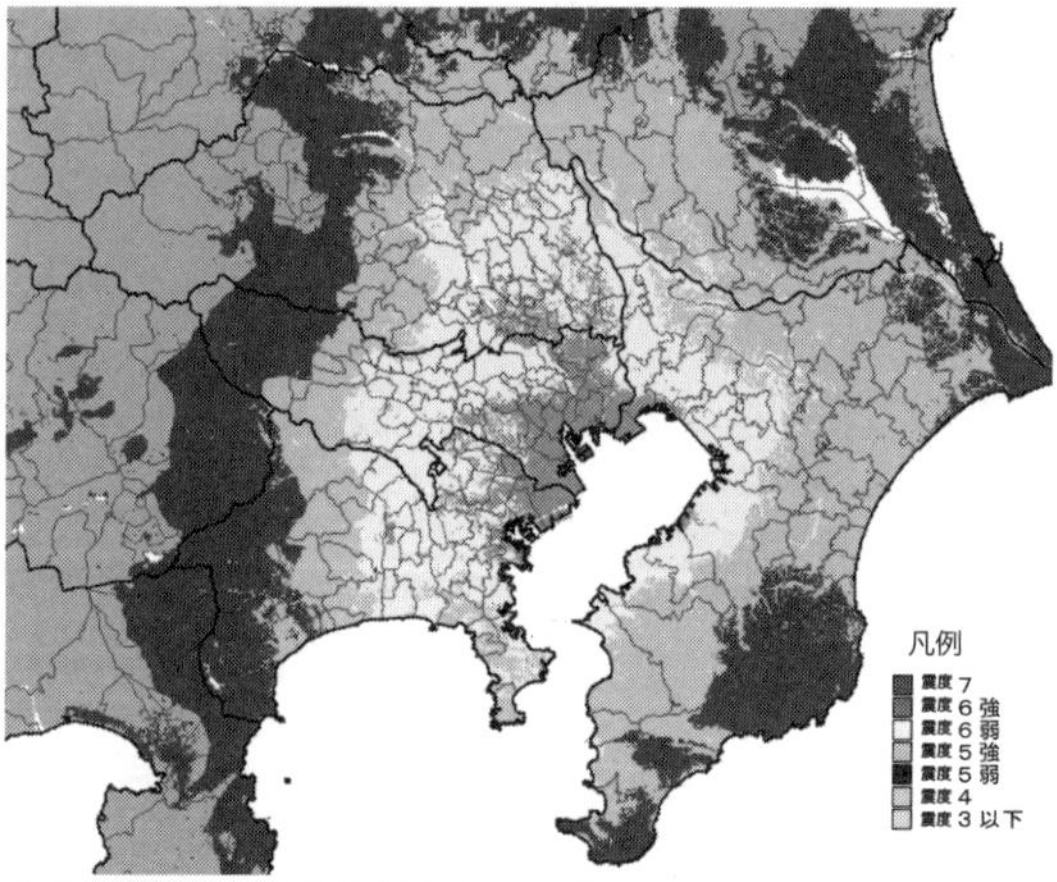

出典：内閣府中央防災会議（2013年12月19日発表）

首都直下地震の被害想定

揺れによる全壊	17万5,000棟
液状化による全壊	2万2,000棟
急傾斜地崩壊による全壊	1,100棟
地震火災による焼失	41万2,000棟
★想定される全壊及び焼失棟数合計	**61万棟**
建物倒壊による死者	1万1,000人
急傾斜地崩壊による死者	約100人
地震火災による死者	約8,900人〜1万6,000人
ブロック塀・自販機の転倒、屋外落下物による死者	約500人
★想定死者数合計	**1万6,000人〜2万3,000人**
1日後・避難所避難者数	180万人
1日後・避難所外避難者数	120万人
★1日後・避難者総数	**300万人**
2週間後・避難所避難者数	290万人
2週間後・避難所外避難者数	430万人
★1週間後・避難者総数	**720万人**
★1か月後・避難者総数	**400万人**
★帰宅困難者数	**約640万人〜約800万人**
★上水道	
最大で約1,440万人（全体の約3割）が断水する	
★下水道	
最大で約150万人が利用困難になる	
★電力	
最大で約1,220万軒（全体の約5割）が停電する	
★ガス（都市ガス）	
供給停止は最大で約159万戸、1か月後95%が解消される	
★通信	
被災直後、固定電話は470万回線（全体の5割）で通話支障、携帯電話は輻輳により大部分の通話が困難になる。インターネット接続は、固定電話回線の被災や基地局停波の影響で利用できないエリアが発生する	
★エレベータ内閉じ込め	
	最大1万7,300人
★道路閉塞	
建物崩壊や焼失等により幅員の狭い道路を中心に閉塞し通行支障が発生する	
★空港	
羽田空港は液状化により4本中2本の滑走路が一部使用不能となる可能性があり、アクセス交通の寸断により、空港が孤立する可能性がある	

★鉄道
首都地域内の鉄道（JR・私鉄・地下鉄）など計840か所で機能支障が発生する
★医療機能
被災都県内の医療機関においては建物被害やライフライン機能支障等により対応力が低下する中、重傷者等の膨大な数の医療需要が発生する。重傷者、医療機関で結果的に亡くなる者及び被災した医療機関からの転院患者を入院需要とした場合、被災都県で対応が難しくなる入院患者数は最大で1万3,000人と想定される。もちろんこの被害想定に感染症の流行は勘案されていない

出典：「首都直下地震の被害想定と対策（最終報告）」抜粋

【震災関連死につながる被害の様相（想定）】

・地震発生直後の病院の被害、停電・断水等ライフライン被害が継続し、人工透析ができずに患者が死亡する。
・車中避難のように狭い場所で生活を続けた結果、静脈血栓塞栓症（エコノミークラス症候群）を発症し死亡する。
・高齢者が、トイレに行く回数を減らすために水分を取らず、脱水症状等により死亡する。
・多数の避難者が共同生活を送る中で、インフルエンザなどの感染症が蔓延し、重症化して死亡する。
・避難所生活等の強いストレスから、慢性的な疾患の悪化等により死亡する。
・入院患者や、寝たきりの高齢者等が、ライフラインが途絶した地域から、バス等により長時間の避難をせざるを得なくなり、移動中に病状が悪化し死亡する。
・家族や仕事を失う等の大きな精神的ストレスから、アルコール摂取量が増え健康を害する、悲観的になり自殺を図る等により死亡する。
・生活不活発等により健康を害し、死亡する避難者や在宅者が発生する。

【複合災害による被害の様相（想定）（首都直下地震＋台風等）】

・河川管理施設、砂防ダム等が揺れ・液状化等により機能低下し、台風や集中豪雨による洪水や高潮を防ぎきれず、建物被害や死傷者が増加する。
・激しい揺れにより崩壊、または緩んでいた斜面や造成宅地が、大雨により崩壊する。
・地震と風水害が重なると、斜面や地盤の崩壊が起こりやすくなり、孤立する集落が多数発生する。
・波浪・高潮・暴風・冠水等により、道路交通や空港・港湾等の利用が制限され、被災地内での人員・車両・重機等の移動、また被災地外からの応援が困難となり救急・救助活動が遅れる。
・先に発生した災害で避難した避難所の避難者や、その後に入居した仮設住宅等にいる被災者が、別の災害によって再度別の場所に避難することになると、被災者の心身の疲労・ストレスの増大、健康被害の発生につながる。

ここでいう複合災害は、首都直下地震後に風水害の発生を想定したもので、感染症は含まれない。台風シーズンであれば、感染症×大地震×風水害というようなトリプル複合災害の発生も否定できない。最悪の事態はないほうがいいが、念のためシミュレーションし対応策を考えておくのが危機管理である。

【地下街・ターミナル駅における被害の様相（想定）】

・天井のパネル、壁面、ガラス、吊りモノが落下し、揺れによる非構造部材の被害により施設利用者が死傷する。
・施設内において、停電、水漏れ、ガス漏洩、火災等が発生する。
・地下街が停電になれば、昼間であっても採光が困難であり、大きな機能支障となる。
・ガス漏洩や火災が発生すれば、ガス爆発や大規模火災に拡大し、多くの人的被害が発生する。
・ターミナル駅には周辺地区から利用者が押し寄せる。また、停止した交通機関の乗客も押し寄せる。
・人口密集地に立地する施設、地域の拠点となる施設等については、地震の発生により周辺住民が避難してくる。
・多くの利用者が滞留した状況下において、停電や火災の発生、情報提供の遅れなど複数の条件が重なることにより、利用者の中で混乱、パニックが起きる。

・地下空間の場合は心理的な側面でパニックを助長する。
・混雑状況が激しい場合、集団転倒などにより人的被害が発生する。

【大規模集客施設等における被害の様相（想定）】
・強い揺れに伴い建物が全半壊する。
・天井のパネル、壁面、ガラス、商品、棚、吊りモノ等の非構造部材等が落下する。
・揺れによる非構造部材の被害により施設利用者が死傷する。
・大規模集客施設はエレベーター等が多く設置されている場合が多く、また営業中であれば搭乗率も高いことから、地震の揺れによりエレベーターの閉じ込め事案が多数発生する。
・施設内において、停電、水漏れ、ガス漏洩、火災等が発生する。
・ガス漏洩や火災が発生すれば、ガス爆発や大規模火災に拡大し、多くの人的被害が発生する。
・人口密集地に立地する施設、地域の拠点となる施設等については、地震の発生により周辺の住民が避難してくる。

直下地震の恐怖

阪神・淡路大震災（1995年1月17日）（撮影：筆者）

・多くの利用者が滞留した状況下において、停電や火災の発生、情報提供の遅れなど複数の条件が重なることにより、利用者の中で混乱、パニックが発生する。
・混雑状況が激しい場合、集団転倒などにより人的被害が発生する。

4 日本海溝・千島海溝地震×感染症

(1) 29・7mの津波!

新型コロナウイルス・緊急事態宣言発出中の2020年4月21日、内閣府の検討会が2つの巨大地震想定を公表した。それは、日本海溝・千島海溝がある北海道沖から岩手県沖で起きる巨大地震である(日本海溝・千島海溝沿いの巨大地震モデル検討会)。地震規模は共にM9クラスで、北日本の一部に最大30m近い津波が到達すると予測され、少なくとも32市町村の行政庁舎が浸水するおそれがあるという。検討会では、過去6000年間の津波の痕跡調査などを基に日本海溝(三陸・日高沖)では最大でM9・1、千島海溝(十勝・根室沖)では、最大M9・3の巨大地震が発生すると推計している。地震規模を示すエネルギーの大きさでいうと、東日本大震災（M9・0）のそれぞれ1・4倍と2・8倍に上る超巨大地震である。

そして、広い沿岸地域に巨大津波が襲う可能性がある。東北地方では、岩手県宮古市で最大29・7mをはじめ、各地を襲う津波は10mを超えると想定されている。首都圏でも茨城、千葉両県で最大津波高5mを超える。また、千島海溝地震では、北海道えりも町で27・9mをはじめ、太平洋沿岸に20m以上の津波が押し寄せることになる。これほどの巨大津波であれば防潮堤も損壊する可能性が高く、災害時の防災拠点となる市町村の行政庁舎の多くが浸水する。青森市では青森県庁舎も浸水する可能性がある。廃炉作業中の東京電力福島第一原発でも敷地内が浸水すると想定されている。地震の揺れに関しては千島海溝地震の方が強く、揺れる範囲も広く北海道東岸の厚岸町と浜中町の2町では震度7となる予測である。

想定された震源域では、数百年ごとに巨大地震が発生すると予想され、前回（17世紀）の発生からの経過時間からして、検討会では「切迫性が高い」と指摘している。内閣府では今

東日本大震災／津波被害

宮城県女川町（2011年3月）（撮影：筆者）

後作業部会を設け、2020年度内に人的被害や経済への影響などの被害想定を取りまとめ発表する予定だという。単なる被害を想定しまとめるだけでなく、「プラス感染症」という複合災害対策も併せて発表すべきである。東日本大震災では東京電力福島第一原発事故が同時に発生し、地震や津波の被害がなかった地域も帰還困難区域などに指定され、慣れない長期避難生活で多くの関連死という犠牲者を出した。痛ましい限りである。今度は想定外の言い訳は通らない。

地震による津波・震災対策と共に感染防止対策の徹底が望まれる。特に、甚大被害が想定される地域は、感染すると重篤になりやすい高齢者など感染弱者の多い地域である。感染症対策を含め、市町村は今のうちに、南海トラフ地震の被害想定を参考にして、指定避難所増設等の準備を進めると共に、分散避難など住民の防災力の向上（第7章参照）の意識啓発を徹底すべきである。

5 スーパー台風（強風・高潮）×感染症

(1) 危険半円と可航半円

台風などによる大雨、洪水、高潮が発生し低地が浸水した時、浸水継続時間が長期（1週間〜10日）にわたることがある。水害に強いマンションで1〜2階より上が浸水を免れたとしても、長期間の浸水孤立が各地で発生する可能性がある。電気、水道、ガスが止まった中での孤立は手洗いもままならず衛生状態が悪化する。その時感染症が流行していたら悲惨な状況になる。気候変動時代はスーパー台風による高潮にも注意が必要である。

２０１３年11月、フィリピン・レイテ島タクロバン市を台風30号が襲った。最大風速87・５ｍ／ｓ、最大瞬間風速１０５ｍ／ｓという暴風と高潮によって死者・行方不明者８１２３人という甚大被害を出したスーパー台風である。その時レイテ湾の奥に向かっての強風と、台風の進行方向の右側にタクロバンが位置していた悪条件が重なって猛烈な強風となった。

台風は巨大な空気の渦巻で、地上付近では上から見て反時計回りに強い風が吹き込んでいる。そのため、進行方向に向かって右の半円では台風自身の風と、台風を移動させる風が同じ方向に吹くため強風となる。それを「危険半円」と呼ぶ。逆に左の半円では台風自身の風が逆になるので、右の半円と比べると風速は幾分小さめになる。それを「可航半円」

2013年台風30号／フィリピン・レイテ島

タクロバン市（撮影：筆者）

と呼んでいる（図4）。ただ、この「危険半円」、「可航半円」という言葉は帆船時代にできた言葉である。帆船は動力が風なので台風の中心から脱出する時、船乗りの経験則から向かい風となる右側が「危険」、追い風となる進行方向左側の方が航行可能を意味する「可航」とされた。当時は、台風に呑み込まれたら、危険であっても可航半円に入り、その追い風を利用してでも脱出せよという意味である。だから可航半円は「航海できるほど安全な場所」という意味ではない。可航半円でも台風の中心付近では強い風が吹くので極めて危険である。時には2017年台風21号のように左側の方が右側より強い風が吹く例外台風もあるので注意が必要である。

台風の中心（気圧の最も低いところ）を「台風の眼」と呼ぶ。眼の中は比較的穏やかな領域である。しかし、台風の眼の周辺は最も風雨の強い領域であるから、眼が通り過ぎる時に猛烈な暴風雨になる。台風が接近してくる場合、進路によって風向きの変化が異なる。ある地点の西側や北側を台風の中心が通過する場合、その地点では「東→南→西」と、時

図4　危険半円と可航半円

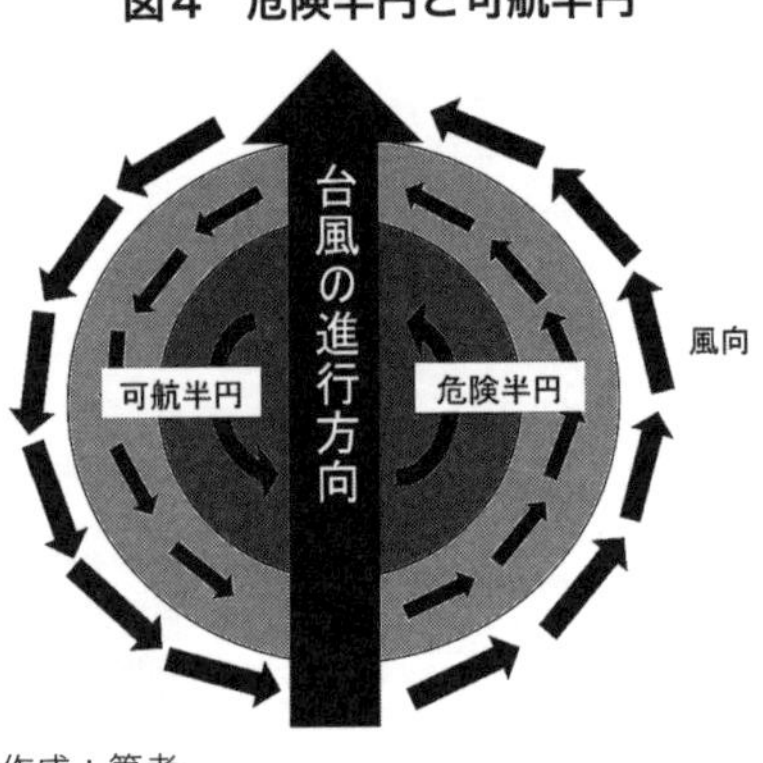

作成：筆者

計回りに風向きが変化するが、逆にある地点の東側や南側を台風の中心が通過する場合は「東→北→西」と、反時計回りに風向きが変化する。周りに山や建物などがある場合は必ずしも明確に風向きが変化するとは限らないが、風向きの変化で台風に備える際の参考にすることもできる。

ある地点の真上を台風の中心が通過する場合は、台風が接近しても風向きはほとんど変わらないまま風が強くなり、台風の眼に入ると風は急に弱くなる。時には青空が見えることもある。しかし、台風の眼が通過した後は、反対の風向きで強い風が吹き返す。台風の眼に入った場合の平穏は、あくまで「束の間の平穏」であって決して台風が収束したり過ぎ去ったわけではない。台風の風は陸上の地形の影響を大きく受ける。入り江や海峡、岬、谷筋、山の尾根などでは風が強く吹く。また、建物があるとビル風と呼ばれる強風や乱流が発生する。道路上では橋の上やトンネルの出入り口で強風に煽られるなど、局地的に風が強くなることがある。

(2) もし、東京に高潮が押し寄せたら

日本の大都市の多くはタクロバン市と同じように河口付近の扇状低地にあり、中心部は湾の奥に位置している。港湾都市は、内外の港から船で大量に運ばれる物資を集積し分配

し発展してきた。スーパー台風が襲来すれば、その密集地に高潮のおそれがある。しかし、大雨の警戒はしても高潮への意識が低いのが現状である。過去にも高潮災害は繰り返し発生している。例えば、1856年9月23日（安政3年8月25日（旧暦））に東海から関東にかけて大きな被害を及ぼした安政江戸台風。その時も江戸は暴風雨と高潮で甚大被害を受けている。築地の西本願寺（現：築地本願寺）は、前年に発生した大地震の際は屋根瓦が少し落ちただけだったが、翌年の江戸台風では強風によって本堂が倒壊している。

前年の地震と言うのは、死者4000〜1万人とも言われる千葉県北西部を震源とする安政江戸地震（1855年11月11日（安政2年10月2日（旧暦））・M7・4）のことである。この時は江戸城東部の沖積低地・軟弱地盤である深川の埋め立て地や日比谷から神田の埋め立て地で多数の建物被害が生じている。この地震の翌年、安政3年の江戸台風では関東一帯が暴風雨に見舞われ、被害は前年の地震を大幅に上回ったと言われる。

江戸の草創名主斎藤月岑《さいとうげっしん》の「武江年表」には、「8月25日、暮《くれ》て次第に降しきり、南風激しく、戌の下刻（20〜21時）より殊に甚しく、近年稀なる大風雨にて、喬木を折り、家屋塀墻《へいしょう》を損ふ。又、海嘯《かいしょう》により逆浪《さかなみ》張りて、大小の船を覆し、或は岸に打上、石垣を損じ、洪波《こうは》陸へ溢濫《いつらん》して家屋を傷《そこな》ふ。この間、水面にしばしば火光《かぎろい》を現す。此時、水中に溺死・怪瑕人弄《いら》ふべからず」と書かれている（海嘯は高潮や津波のこと）。

この安政江戸台風は、伊豆半島付近から江戸の北側を抜けたため、台風の勢いが強くなる東側（危険半円）にあたる江戸東部に被害が集中したものと思われる。フィリピンのタクロバン市と同じように、気圧低下による「吸い上げ効果」と「吹き寄せ効果」で江戸湾に大規模な高潮が押し寄せたと推定される。この時の台風は大雨、強風、高潮、大火の複合災害で、当時の瓦版には死者10万人余と書かれたものもある。今で言う「安政のスーパー台風」だった。

２０１８年3月30日、東京都は過去最大規模のスーパー台風が上陸し、高潮が発生した場合に予測される浸水区域図を発表した（図5）。図を見ると、東京の沖積低地と呼ばれる東部を中心に23区の約3分の1となる２１２km²が浸水想定区域となっ

図5　東京都高潮浸水想定区域図
【想定最大規模】（浸水深さ）

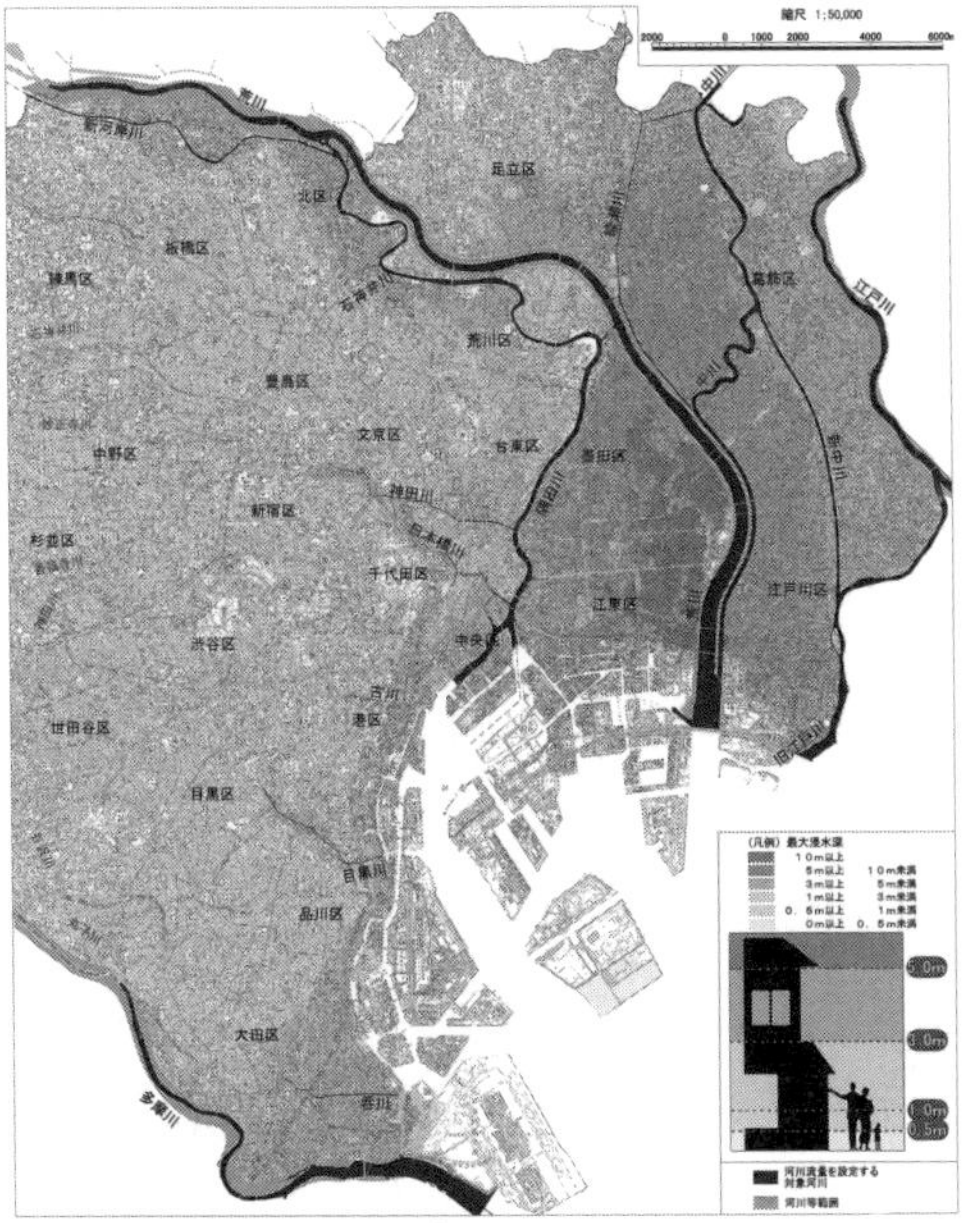

出典：東京都ホームページ

ている。堤防の決壊などもあり1週間以上水の引かない浸水継続地域が広範囲にわたることも予測されている。東京都が高潮に対する浸水区域図を見直したのは、2015年に政府が水防法を改正し、最大規模の高潮を想定したハザードマップ作製やスムーズな避難などの対策を自治体に求めたことによる。

同法に基づいて都は東京湾における最大規模の高潮を想定。そのモデルとした台風は1934年9月21日午前5時ごろに史上最大の勢力で高知県・室戸岬に上陸し、高潮などで死者・行方不明者約3000人という甚大被害をもたらした室戸台風である。室戸台風の上陸時における中心気圧は911・6hPaだった。日本本土に上陸した台風の中で観測史上最も上陸時の中心気圧が低かった台風として記録されたスーパー台風である。この記録は未だに破られていない。

風もすごかった。室戸測候所が最大瞬間風速60m／sを観測したのを最後に、強風で観測機器が損壊し観測不能に陥ったほどである。室戸岬に上陸した後北東に進み、午前8時ごろに大阪と神戸の間に再上陸する。すでに満潮時刻は過ぎていたものの、まだ潮位は高かった。そこへ最大瞬間風速60m／s以上の強風が吹き寄せ4mを超える高潮が発生する。大阪港の築港付近の記録には、30分ほどの間に2mを超える海水が流入したと書かれている。地盤沈下の影響もあって滞留した内水と押し寄せる海水によって大阪城付近まで浸水したとされる。短時間に押し寄せた激しい水流に避難が間に合わず、大阪湾沿岸で溺死した人は１９００人に上った。

大阪市内で木造校舎を使用していた小学校１８０校４８０棟のすべてが全半壊または大破となったとされる。この台風が最大風速に達した時間がちょうど登校時間と重なり、強風で破壊された木造校舎の下敷きになった人や、残骸の飛来物によって児童・生徒や職員、心配して迎えに来た保護者など多数が犠牲になったという。室戸台風における大阪市内の小学校関係の死者は合計２６７人（職員等９人、児童２５１人、保護者７人）、重軽傷者も１５７１人に上った。

東京都はこの室戸台風と同等の９１０hPaのスーパー台風を想定し、高潮ハザードマップを作製した。その場合23区のうち17区で住宅浸水被害が出ると想定。東部の河川流域で海抜ゼロメートル地帯の墨田区、江東区、江戸川区、葛飾区は区域の約９割が水没。都心部でも丸の内、新橋、銀座の一部などオフィス街や繁華街も浸水区域とされ、域内の昼間人口は３９５万人に達する。浸水の深さは最大10ｍ以上で、墨田区や江東区などは浸水深さの平均が７ｍになると予想されている。しかし、この想定には感染症の流行は当然含まれていない。

その上、東京には地下鉄、地下街などの地下空間が多数あり、そこも浸水する可能性が高い。マンションやビルは地下の機械室や電気室に濁流が流入し、周辺が１週間湛水したままとなれば、停電、断水の中で流通も途絶え長期孤立状態に陥る。水・食糧・非常トイレなど最低1週間分の備蓄は不可欠となる。これは、他の大都市も同じである。気候変動により日本近海の海面水温は上がり、スーパー台風や巨大高潮が日本を襲う日は近い。今のうち、自治体ごと、地域ごと、家庭ごと、企業ごとに命を守る準備と、複合災害時における個別の行動マニュアルやタイムラインを作成すべきである。

6 宝永南海トラフ地震×富士山噴火×感染症

(1) 大規模地震と噴火が連続して起きるかもしれない

江戸中期・宝永の時代、富士山噴火の年に、南海トラフ巨大地震や感染症流行がほぼ同時進行で発生していた。最後に富士山が大噴火を起こしたのは1707年12月16日の宝永大噴火（宝永4年11月23日（旧暦））である。溶岩の噴出はなかったものの、大量の降灰で神奈川県小田原市を流れる酒匂川などを埋め尽くし、その後長く洪水などで住民を苦しめることになる。空高く吹き上げられた細かい火山灰は100km離れた江戸にも降り注ぎ約5cm積もったと推定されている。

江戸時代の歴史家でもある儒学者・新井白石の書『折たく柴の記』には、以下のように示されている。

「よべ地震《ないふる》ひ、此日の午時《うまのとき》雷《いかずち》の声す、家を出るに及びて、雪のふり下るがごとくなるをよく見るに、白灰の下れる也（中略）。廿五日、また天暗くして、雷の震するごとくなる声し、夜に入りぬれば、灰また下る事甚し。『此日富士山に火出て焼ぬるによれり』といふ事は聞えたりき。これよりのち、黒灰下る事やまずして、十二月の初におよび、九日の夜に至りて雪降りぬ。此ほど世の人咳嗽《がいそう》をうれへずといふものあらず」（以下略）。

（昨夜地震が起き、今日は昼間の12時前後、雷の音がした。家を出るとき、雪が降っているように見えたが、よく見ると白い灰が降っていた（中略）。25日になるとまた空は暗く、雷のような音がして、夜になると、灰が降った。「この日、富士山が噴火した」と聞いた。このあと、黒い灰が12月の初めまで降り続き、9日の夜になると雪が降った。世間の人は皆咳嗽を大層心配していた）

咳嗽（がいそう、しはぶき）というのは、当時、風疫、風疾、傷風などとも呼ばれた流行性感冒《はやりかぜ》、今でいうインフルエンザのことである。富士山噴火当時にインフルエンザが流行していたことになる。宝永南海トラフ地震×宝永富士山噴火・降灰×インフルエンザが重なった宝永の複合災害である。宝永大噴火は12月16日に始まり、12月31日に終息するまで、約半月間風向きによって関東一円に灰を降らせた。火山灰はタバコや薪の灰とは異なり、多くは軽石や岩石が砕けたものである。熱いマグマが泡立ち冷やされた時に溶けていた水分が蒸発し軽石ができる。その泡で小さな穴（気泡）を持ったガラス質のものが軽石で、それが砕かれたものが火山灰。いったん舞い上がると10日間くらい空気中を舞うので、インフルエンザ罹患者や呼吸器系疾患者が火山灰を吸い込むと症状や容態が悪化しやすい。

宝永富士山噴火の49日前の10月28日に宝永大地震が発生している。推定M8・4で、東海地震、東南海地震、南海地震がほぼ同時に発生したと推定される宝永の南海トラフ地震（死者5000～2万人）である。現在、新型コロナウイルス流行中に30年以内の発生確率70～80％と想定される南海トラフ巨大地震が発生すれば、それに誘発され宝永時代と同じように富士山が連動して大噴火を起こす可能性もゼロではない。そうなると、宝永時代と同じ複合大災害となり甚大で多様な被害をもたらす。特に呼吸器系疾患者は降灰と感染症への対応で苦慮することになる。

しかし、内閣府・富士山火山防災協議会は「歴史的資料で明確になっている800年頃以降、繰り返し南海トラフで地震が発生しているが、その直後に富士山が噴火したという例は知られていない」として、国が推進する富士山火山防災対策は、南海トラフ地震と富士山噴火は連動しないことを前提にした被害想定である。もちろん感染症同時流行も想定していない。後で、想定外と言うのかもしれないが「想定外とは想定できることを想定しなかったものの言い訳でしかない」のである。

もし今、富士山が噴火すれば、派生する事象と被害は広域多岐にわたる。事象としては溶岩流、降灰、噴石、火砕流・火砕サージ、融雪型火山泥流、山体崩壊、火山ガスなど。それによる建物などの物的被害や人的被害。また、道路、鉄道、航空機、水道、電力、通信回線などのインフラ障害等が広範囲に発生する。大量の降灰による呼吸器系の健康被害、農作物被害、冷害、生活支障、洪水や土砂災害など、噴火鎮静後も長期にわたり影響を及ぼす。感染症流行も加われば、悲劇的な複合大災害になる。

富士山はフィリピン海プレート、北米プレート、ユーラシアプレートが接する地域に位置する玄武岩質の成層火山で、高さ３７７５・63m、体積は約１４００㎦、日本の陸域火山で最大の火山である。富士山の下にはもう1つの富士山が潜んでいる。約10～1万年前まで活動した「古富士火山」で、その上に乗っているのが、約1万年前～現在まで活動を続ける「新富士火山」（現在の富士山）である。約

富士山／右側の中腹が宝永噴火口

撮影：筆者

1万年前、古富士火山を覆うように現在の富士山が噴火を開始、玄武岩質の溶岩を多量に噴出流下させ、1万年前〜8000年前ごろには、静岡県三島市や山梨県大月市付近まで到達する規模の大きな溶岩流が発生したものとみられている。

一般的な火山活動は通常100万年くらい続く。だから古富士火山時代を含め、富士山は10万年しか活動していない若い火山である。古い火山だと、噴火のタイプや噴出物の傾向をある程度定量化することが可能である。しかし、若い火山だと、そうした傾向が定まっていない分、前回と同じ噴火が起きるとは限らない不気味さがある。噴火した場合の主な被害想定は表のようなものである。

富士山噴火の被害想定

人的被害	避難が行われるとし、建物の全壊等による死者・負傷者ゼロだが、2cm以上の降灰がある範囲で何らかの健康被害が出る。
建物	降雨時は水を含んで灰の密度が約1.5倍になるため、降灰厚30〜45cmで全壊30%、45cm以上で60%。
道路	降雨時では所持する車が動けず、除灰ができないと考えて、5cm以上の降灰で道路は通行不能。
鉄道	降灰で車輪やレールの導電不良による障害や踏切障害等による輸送の混乱が生じる。
航空	降灰がある範囲では航空機の運航は不可能。
電力	1cm以上の降灰がある範囲で停電が起き、被害率は18%。
水道	浄水場の沈殿池の能力を上回る火山灰が流入した場合、給水能力が減少し給水不能になる場合がある。
農作物	2cm以上の降灰がある範囲では1年間収穫ができなくなる。稲作は0.5cmの降灰がある範囲で1年間収穫ができなくなる。
下水道	降灰により側溝が詰まるところがある。

(2) 富士山噴火の被害想定

富士山火山防災協議会・富士山ハザードマップ検討委員会の報告書には「被害想定は、防災対策検討の基とすることから、発生すると考えられる主要な火山現象や土砂移動現象等について最大規模のものを検討する必要がある。ここでは、過去の状況を知るためのデータがかなり整っており、また広域的な影響が心配される宝永噴火と同等の噴火が、現在の経済社会条件の下で発生した場合の被害想定を行った」と書かれている。火砕流、溶岩流、降灰量なども宝永噴火を基に噴火防災ハザードマップが作られ、広域避難計画が検討されている（図6）。確かに宝永

図6　富士山噴火時の段階的避難

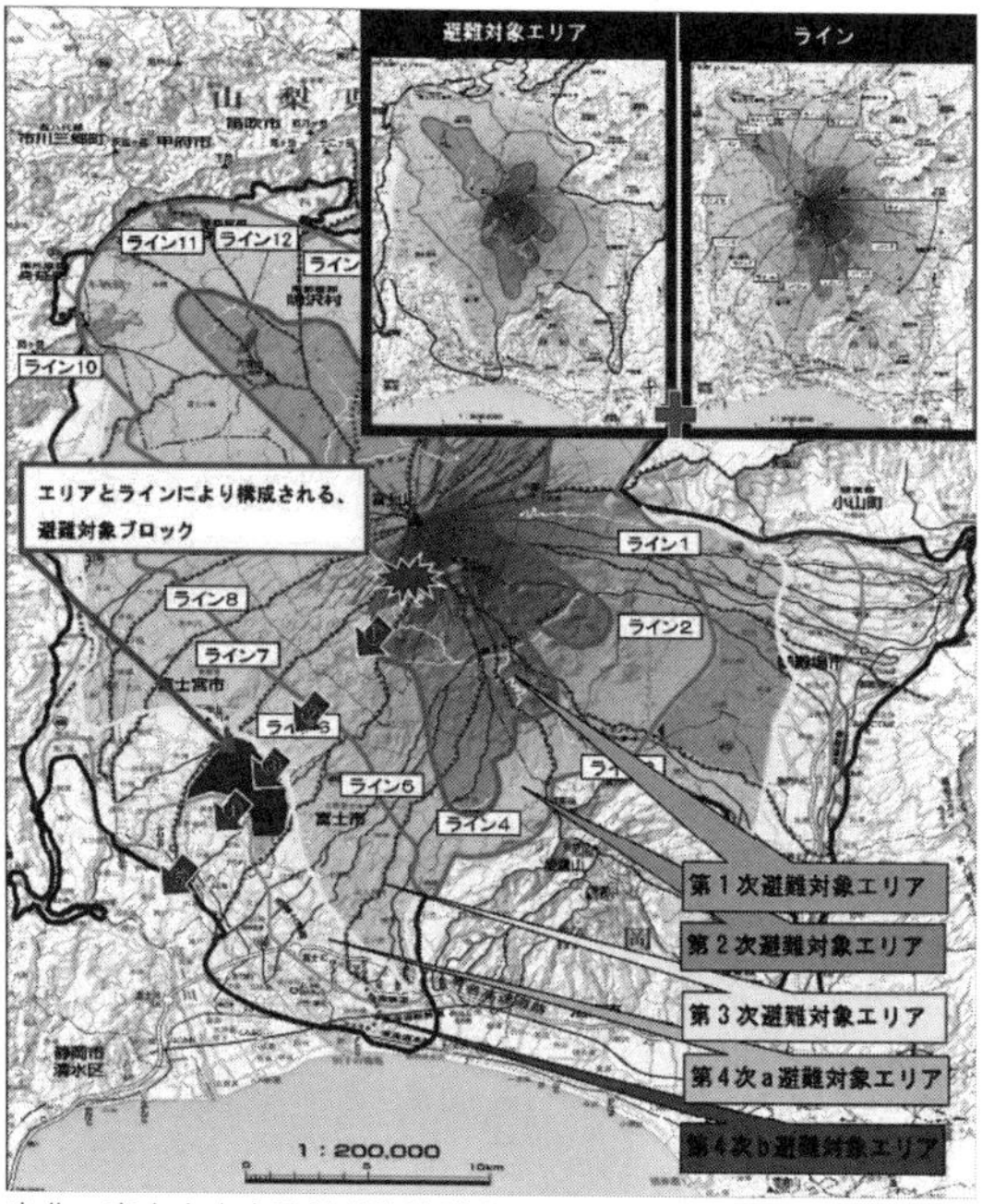

出典：富士山火山防災対策協議会

噴火は大規模噴火だったので目安としては参考になる。しかし、10万年も活動歴のある富士山噴火の中で、直近300年前の1つの噴火だけを基準にしていいのだろうか。そんな中で、宝永噴火を下敷きにした降灰に関する影響について次のような報告が出された。

2020年4月7日、中央防災会議・防災対策実行会議の「大規模噴火時の広域降灰対策検討ワーキンググループ」が「大規模噴火時の広域降灰対策について―首都圏における降灰の影響と対策―～富士山噴火をモデルケースに～」を発表した。次の3つのケースを想定した場合における影響の閾値としている。①富士山の宝永噴火時の降灰分布に類似する西風卓越ケース、②影響を受ける人口・資産が大きくなる西南西風卓越ケース、③影響範囲が広い、風向の変化が比較的大きいケース。想定される火山灰量は、西南西風卓越ケースで約4.9億㎥と推定している。それによってどんな影響が生じるのかを、報告から抜粋し紹介する。

(3) 首都圏における降灰の影響

首都圏における降灰の影響は次頁の表のとおりである。

(4) 過去の富士山噴火で何が起きたか

前項の様相は、主に宝永噴火を基準にした降灰の影響想定なので、これも1つの目安にはなるが、若い火山は、次にどんな噴火形態となるかは予断を許さない。また、政府の火山防災はすべて噴火だけ単独で発生することが前提であって、富士山噴火と巨大地震連動や感染症との複合災害は全く想定されていない。せめて、感染症流行時に発生した貞観噴火（864年）の推定データも含めた被害想定にすべきである。現在発表されてい

首都圏における降灰の影響

鉄道	微量の降灰で地上路線の運行が停止。大部分が地下の路線でも、地上路線の運行停止による需要増、車両・作業員の不足等により運行停止や輸送力低下。停電エリアでは地上、地下路線ともに運行が停止。
道路	視界低下による安全通行困難、道路上の火山灰や交通量増による速度低下や渋滞。乾燥時10㎝以上、降雨時3㎝以上の降灰で二輪駆動車が通行不能。
物資	一時滞留者や人口の多い地域では、少量の降灰でも買い占め等により、店舗の食料、飲料水等の売り切れ。道路の交通支障による物資の配送困難、店舗等の営業困難により、生活物資の入手困難。
人の移動	鉄道の運行停止と道路の渋滞による一時滞留者の発生、通勤・通学等の移動困難。道路交通支障により、移動手段が徒歩に制限される。
電力	降雨時0.3㎝以上で碍子の絶縁低下による停電。数㎝以上で火力発電所の吸気フィルターの交換頻度の増加等による発電量の低下。電力供給量の低下が著しく、必要な供給量が確保しきれない場合、停電に至る。
通信	利用者増による輻輳。降雨時に、基地局等の通信アンテナへ火山灰が付着すると通信阻害。停電エリアで非常用発電設備の燃料切れ等が生じると通信障害。
上水道	原水の水質が悪化し、浄水施設の処理能力を超えることで、水道水が飲用不適または断水。停電エリアでは浄水場及び配水施設等が運転停止し、断水。
下水道	降雨時、下水管路（雨水）の閉塞により、閉塞上流から雨水があふれる。停電エリアで非常用発電設備の燃料切れが生じると下水道の使用制限。
建物	降雨時30㎝以上の堆積厚で木造家屋が火山灰の重みで倒壊の可能性。

る被害想定の基準は宝永噴火の噴出物をマグマ量に換算し約7億トン（うち降灰は4・9トン）が基になっている。しかし、貞観噴火の噴出物は、その倍の約14億トンと推定されている。しかも、降灰が中心だった宝永噴火とは異なり、貞観噴火は溶岩があらゆる方角に流下したと言われる。その結果、当時北西麓にあった本栖海（現本栖湖）と剗《せ》の海《うみ》という湖に溶岩が流れ込み沸騰させ覆いつくした。そのとき、埋め残ったのが西湖と精進湖と言われる。公式史書である日本三代実録に書かれた甲斐国国司から朝廷への報告書を現代訳にすると「貞観7年7月17日辛午、甲斐国国司が報じるところ、駿河国の大山・富士が突如として火を噴き、山中焼き砕き、草木は焦がれ死んだ。土石は溶け流れて、八代郡（山梨）にある本栖海と剗の海を埋めてしまった。湖水はお湯のように熱くなり、魚や亀の類はみな死んだ。人々の家屋は湖と共に埋まり、残った家にも人影はなく、そのような例は数え上げることもできない。2つの湖の東には河口海（現河口湖）という湖があるが、火はこの方角へも向かっている。本栖海や剗の海が焼け埋まる前には、大地が大きく揺れ、雷と大雨があって、雲霧が立ち込めて暗闇に包まれ、山野の区別もつかなくなった。それらが起こった後にこのような災異が訪れたのだ」と。

貞観噴火の前年863年に越中・越後地震、864年7月の富士山噴火に加え4か月後の11月9日阿蘇山の噴火、868年に播磨・山城の地震、869年7月9日に東北地方太平洋沖で貞観地震が発生している。この間には疫病も蔓延し、日本三代実録には863年は前年から咳逆病《しはぶきやみ》（インフルエンザ）が大流行し、大納言・源定、内蔵権頭・藤原興邦、平城天皇皇女・大原内親王、大納言・源弘などが相次いで死去したことが書かれている。咳逆病はその後も収まらず、貞観地震が発生した869年には京都八坂神社に祀られていて疫病を打ち払う神として敬われていた、牛頭天王《ごずてんのう》と素戔嗚《すさのをの》尊《みこと》のまつり「祇園御霊会」を挙行。神泉苑内に当時の国の数66本の鉾を立て巡らし、諸国の悪霊が宿るように仕向け、そこへ祇園社の神を祀り、さらに神輿3基を送り込んで諸国の穢れを祓い厄払いしたという。以来今日まで毎年7月30日（旧暦6月

富士山噴火時の降灰可能性マップ

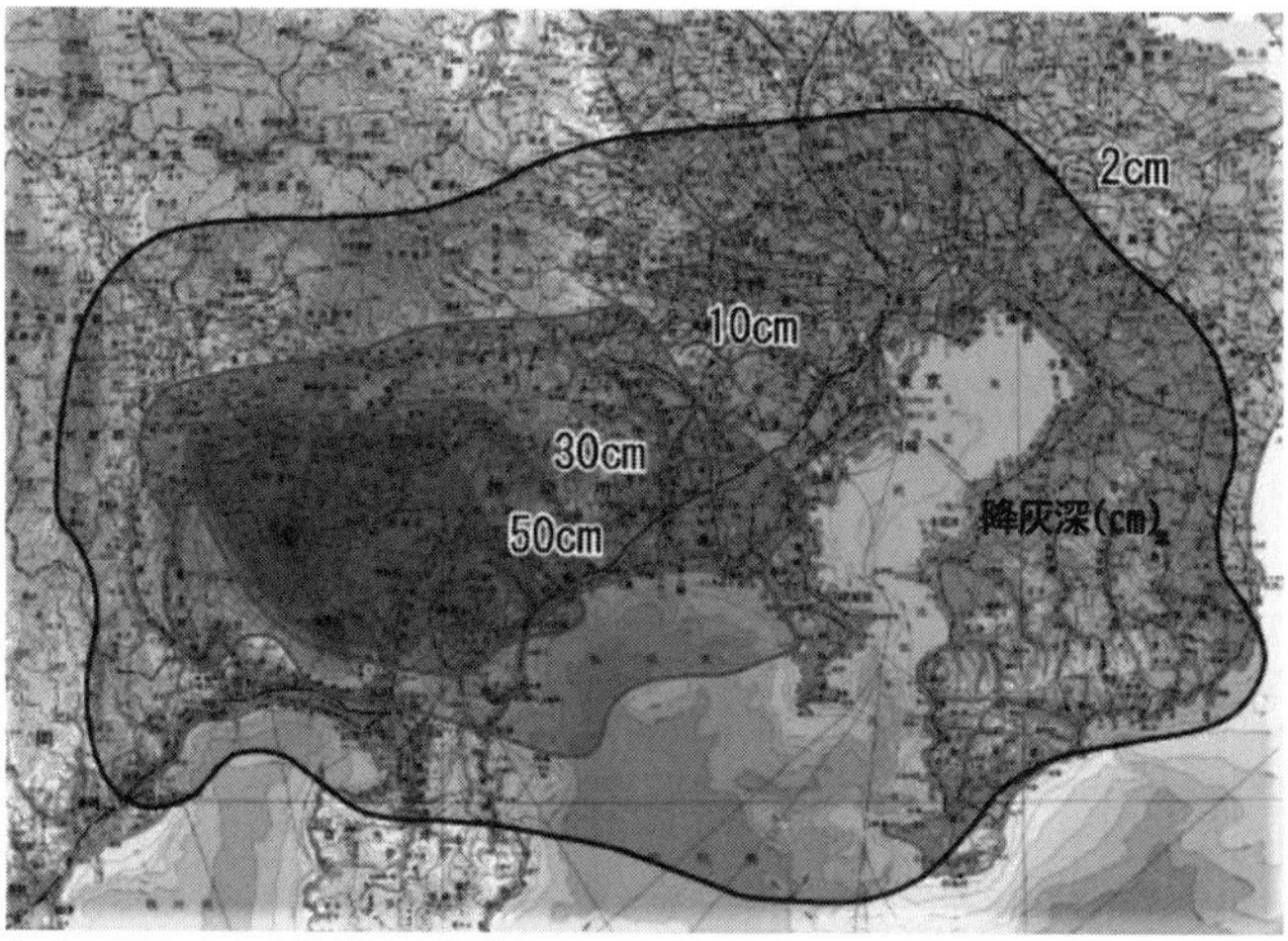

出典：富士山火山防災対策協議会

14日）に祇園祭として定着している。つまり、貞観時代に相次いだ富士山噴火、各地の大地震と合わせて感染症が流行し、複合災害に襲われていたのである。いずれにしても貞観噴火は富士山の最大の噴火である。その時の死者は約3万人と推定されている。現在の被害想定では、富士山が噴火しても犠牲者はゼロとなっている。繰り返すが、今からでも遅くない、宝永噴火だけでなく貞観地震も含めた被害想定にすべきである。また、噴火の前後に地震の発生や感染症流行も視野に入れた避難計画や避難所運営マニュアルが必要となる。

スペインかぜの時は感染ピークが第3波まであり、収束まで約2年かかっている。富士山貞観噴火も消長を繰り返しながら収束まで約2年間噴火し続けた。感染症と噴火の複合災害の長期戦を見込んで、感染弱者、災害弱者を噴火広域疎開させるための準備が必要である。特に、静岡県東部、神奈川県全域、東京都全域、千葉県全域では最悪の事態に備えておかなければならない。数cm～10cm以上の降灰により、道路は通行止め、電車は運行停止、航空機は飛べない、火力発電所もフィルター詰まりや架線の絶縁不良で計画停電、浄水場・沈殿槽は降灰で機能不全に陥り断水も起こり得る。その結果、通信や物資の流通に支障をきたし、町が災害封鎖状態（ディザスター・ロックダウン）に陥る。今のうちに、自治体も個人も、長期戦に備えて最低7日分の防災備蓄が不可欠である。特に防塵マスク、防塵ゴーグル、シールド付きヘルメット、目薬と感染症防護服セット、ＰＣＲ検査キット、消毒薬、体温計、除菌ティッシュなどは、全国をいくつかのブロックに分けて、国家備蓄を法制化しておかなくてはならない。また、除灰用の車両、資機材、除灰置き場などを整備した上で、事前の実践的訓練が重要となる。

防災ひと口メモ

火山灰で家がつぶれる

1990年7月16日、フィリピン・ルソン島中部でM7.8のバギオ大地震が発生。私も現地に行ったが、液状化、地盤沈下、斜面崩壊などでハイアット・テラス・ホテルをはじめ、多数の建物が倒壊し、1,621人が死亡した。それから約1年後の1991年6月15日、バギオ地震の震源地から約100㎞離れた・ピナトゥボ火山が大噴火を起こした。噴火前は1,745mあった標高は、山頂が吹き飛ばされて噴火後は1,486mになってしまった。火山学者の中には1年前の地震に誘発された噴火とする見方もある。これは1707年に連続して発生した宝永富士山噴火と宝永地震を連想させた。噴火当日は火山の北方75㎞を台風が通過中で、強い風雨に見舞われていた中での噴火であった。噴煙は高さ40㎞に達し、強風に煽られ火口から40㎞以上の地点に厚さ10cmの火山灰が降り積もった。雨に濡れた火山灰が屋根に1cm積もると1㎡あたり約20㎏の重量になる。10㎝だと1㎡あたり200㎏の重さが屋根に加わる。水を含んだ火山灰の重さで多くの住宅が倒壊していた。特に避難所となっていた教会や体育館がつぶれて、700人以上の犠牲者を出した。台風がなくても火山の噴火時は立ちのぼった雲から大雨が降ることも多い。

富士山噴火の被害想定では、風向きは常に西から東へ吹くことが前提になって降灰予測が立てられているが、ピナトゥボのように台風が襲来すれば、風向きも大きく変わる複合災害になり、降灰と雨が重なれば多数の住宅が倒壊する。

第3章

感染症×大規模災害 =複合災害

1 複合災害警戒を呼び掛ける緊急メッセージ

2020年5月1日、新型コロナウイルスの緊急事態宣言の発令中、私も所属する「日本災害情報学会」も加盟している防災関連58学会で構成する「防災学術連携体」が緊急メッセージを発表した。地震や火山噴火、気象災害などの同時発生による「複合災害」への警戒を呼びかけたのである。メッセージは5つの項目に分けて述べられている。一般論が多いがタイトルだけでも見てほしい。

(1) 感染症と自然災害の複合災害のリスクが高まっています

・新型コロナウイルスの感染拡大は日本全国、全世界に及んでいます。近年毎年のように起こっている自然災害が、今年も日本のどこかで起きれば、その地域は感染症と自然災害による複合災害に襲われることになります。これが現実になると、オーバーシュート（医療許容量を超える感染者の爆発的増加）の可能性が高くなるなど、極めて難しい状況になります。

・複合災害の危険性を軽減するために、あなたのまちのハザードマップや地域防災計画などを参考にして、地震・火山災害、河川の氾濫や土砂災害などの危険性と避難の必要性について、今のうちに自ら確認して下さい。

・特に、自然災害に見舞われた地域では、ウイルス感染の爆発的拡大を防ぐため、被災者や自主防災組織、ボランティア、自治体職員、医療・福祉関係者などへの十分な配慮が求められます。高齢者や体の不自由な方への支援も必須です。

(2) 感染リスクを考慮した避難が必要です

・災害発生時には公的避難所が開設されますが、ウイルス感染のリスクが高い現在、従来とは避難の方法を変えなければなりません。

・災害発生時には、公的避難所のウイルス感染対策をとって下さい。避難所の数を増やし、学校では体育館だけでなく教室も使い、避難者間のスペースを確保し、ついたてを設置する、消毒液などの備品を整備するなどの対応が必要となります。さらに感染者、感染の疑いのある人がいる場合には、建物を分けるなど隔離のための対策も必要です。政府および都道府県・市町村の関係者は、連携して準備して下さい。住民の方はこれに協力して下さい。

・避難が必要になる地域の方は、近くの避難場所をあらかじめ決めておきましょう。必ずしも公的避難所である必要はありません。より安全な近くの親戚や知人の家などを自主避難先としてお願いしておきましょう。また、近隣の方で相談して、その地区の頑丈なビルの上層階を避難場所とすることも有効です。

・自宅で居住が継続できる場合は、自宅避難をしましょう。その場合、食料や水などを備蓄しておく必要があります。ただし、自宅避難が可能かどうかは、災害の種類や規模によって異なります。

・災害時の感染防止対策について、自主防災組織や町内会で相談しておきましょう。

・避難が必要になる地域では、自主防災組織や町内会が、公的避難所を利用する予定の方を把握し、その人数と情報を、予め市町村に伝えておくことが「3密」を避けるために重要です。

(3) 地震・火山災害との複合災害に備えましょう

・日本列島は4つのプレートの衝突部にあり、世界の地震の10%、世界の活火山の7%が日本に集中しています。今までのように、大地震は突然襲ってくることを忘れないで下さい。

・地震・津波、火山噴火などによる災害が発生した場合も想定し、複合災害への備えをこれまで以上に進めておく必要があります。身近なことでは、地震の揺れで家具が転倒しないように壁に固定する、防災用の備品を確認する、津波に対する避難路・避難先を確認するなど、これまで指摘されている防災対策のうち可能なものから少しずつでも進めて下さい。

(4) 気象災害との複合災害に備えましょう

・5月の大型連休明けには沖縄が梅雨入りの時期を迎え、その後、夏から秋にかけて大雨・猛暑・台風などによる気象災害が全国的に多発する季節になります。

・地球温暖化による気候変動の顕在化に伴い、わが国では豪雨の頻度や強度が長期的に増大する傾向にあります。一昨年の西日本豪雨（平成30年7月豪雨）や昨年の東日本台風（台風19号）など、近年多くの地域が広域豪雨による甚大な水害、土砂災害に見舞われています。今年の夏から秋にかけても気象災害の発生に備えなければなりません。最新の気象情報や自治体などから発表される避難情報を常に確認して下さい。

・防災用の備品を確認する、洪水氾濫や土砂災害に対する避難路・避難先を確認するなど、これまで指摘されている防災対策のうち可能なものから少しずつでも進めて下さい。

・気象災害で避難勧告・避難指示が出された場合には、命を守るため、あらかじめ考えていた場所に、躊躇なく避難して下さい。

(5) 熱中症への対策も必要です

・気象庁からこの夏は平年より気温が高くなるという予報が出されており、梅雨明け後は熱中症対策が必要となります。熱中症により基礎体力が衰えると、ウイルス感染者の重症化のリスクが高まります。暑さに負けないように、健康維持に心がけるとともに、扇風機や空調設備の整備もできる範囲で早い時期に準備しておきましょう。

2 「緊急事態宣言」と「災害緊急事態の布告」

今回の新型コロナウイルスは世界災害である。米国は国土安全保障省が主管になるなど欧米各国も「戦争」と位置づけている。つまり、感染症マターだけでなく国家安全保障・危機管理マターとして対応していたのである。それに引き換え日本は、新型インフルエンザ等対策特別措置法を一部改正し感染症対応に終始し、後半は経済対応となった。もし、これを大規模災害と認定し、災害対策基本法（以下、「災対法」）の「災害緊急事態の布告」を出せば、罰則のある政令を閣議で迅速に決定できた。激甚災害と認定すれば、休業期間中の給料は早い段階から「みなし失業保険」で対応できた。コロナでは雇用調整助成金の要件緩和で対応したが、そんなややこしい手続きは不要だったのである。被災者生活再建支援制度で認定制度を緩和（特例措置）すれば、50～100万円の生活再建支援も可能となる。しかし、今回は危機管理視点の対応がなされず、感染症マターで終始し後手後手感だけが残った。元の特措法そのものが不完全な法令であったからである。

新型コロナウイルスの流行が始まった2020年3月14日、改正新型インフルエンザ等対策特別措置法（以下、「特措法」）が施行された。改正前の元の法律は2009年のH1N1型新型インフルエンザ流行後に制定された法律で、民主党政権下の2013年4月に施行されたもの。それを新型コロナウイルス用に一部改正されるまでの7年間、緊急事態宣言という伝家の宝刀は抜いたことがなく、国と地方の役割分担があいまいなままだった。特措法では緊急事態宣言を発出する時は国が「基本的対処方針」（以下、「対処方針」）を提示し、外出自粛や休業を要請する権限は知事にあるとされている。この特措法で緊急事態が発出された場合、都道府県知事が実施できる措置は以下のとおりである。

- 住民に外出自粛を要請
- 学校や福祉施設などの使用停止の要請や指示
- 音楽やスポーツなどのイベント開催制限の要請や指示
- 臨時医療施設の土地や建物の強制使用
- 医療用品やマスク、食品の売り渡し要請、収用、保管命令
- 運送事業者に緊急物資の輸送要請、指示

しかし、対処方針に「自粛要請は国と協議の上行う」と国が関与できるように、後から国が付け加えたことで、さらに権限の不明確さが増すことになる。2020年4月7日の緊急事態宣言発出前に、東京都はすでに準備していた「東京都新型コロナウイルス対策・緊急事態措置」に基づく自粛要請内容や休業要請の対象職種を発表しようとした。ところが急遽国から待ったがかかった。その後2転3転し発表は10日まで延期された。一刻を争うウイルス感染封じ込め作戦が、〝緊急事態宣言を出した国との調整〟で、4日間も遅れる結果となった。本来特措法では、外出自粛期間や範囲、休業を要請する施設などを判断する権限は各知事にあり、政府は対処方針に基づいて「総合調整」にあたり、必要な場合は「指示」を出す権限があるが、基本的には知事に権限を一任した法律である。

緊急事態宣言対象を全国に拡大した4月16日、さらに国は対処方針を改定し、特措法にない「特定警戒都道府県」という概念を付け加えた。13都道府県には休業要請、34県にはまず外出自粛要請を促した。この特措法はもともと2009年の新型インフルエンザ流行を受けて、「国、地方公共団体の体制整備や責任の明確化」を目的に策定されたものである。しかし、当時の政権与党民主党は「地域主権」を掲げていたため、極力知事への権限を強くした経緯がある。しかし、与えられた知事の権限も「財源なき権限」であって、財源の潤沢な東京都とそれ以外の府県知事との間で、軋轢を生じさせることになる。休業要請に協力した事業者へ、東京都は最大１００万円の協力金支給を決めたが、東京ほど財政力のない他の知事からは「国の責任で休業補償を行うべき」という意見が強く上がった。全国の知事と国が協議会を設けて「感染症対策統一ガイドライン」を策定したドイツではそうした混乱は起きていない。

罰則なき都市封鎖と言われるが、当初の特措法はＨ５Ｎ１の新型インフルエンザ対策というよりもスペインかぜという強毒性ウイルス流行を前提としていた。強毒性であれば、致死率も高いため、「感染すれば命に関わる」強い懸念で強制も罰則もなしで要請だけで国民は従い、要請だけで都市封鎖も可能という考え方から出発していた。それでも、当時野党だった自民党からは「私権制限」への懸念が示されたが、結局自民党も賛成して特措法が成立した。一見、首相が緊急事態宣言を発出するトップダウンの法律のように見えるが、実態は具体的な対応の枠組みは定められないまま都道府県に丸投げした法律である。

にもかかわらず、4月23日、政府から都道府県に３つの通知が出された。

① 特措法45条に基づき、より強く休業を求める「要請」と「指示」を知事が出す場合のガイドライン（指針）

② 行楽を主目的とした旅行と宿泊を、市民と事業者に抑制することを促すよう知事に求める通知

③ 商店街、スーパー、公園での混雑緩和対策を講じることを促す通知

これは名指しで休業を求める第45条適用に自治体が前のめりになることを懸念し、過剰な私権制限にならないよう「事前通知」として釘を刺したものとみられている。

特措法の緊急事態宣言に類似したものは、自然災害などに備える災対法の第105条に、「災害緊急事態の布告」（以下、「布告」）がある。「非常災害が発生し、かつ、当該災害が国の経済及び公共の福祉に重大な影響を及ぼすべき異常かつ激甚なものである場合において、当該災害に係る災害応急対策を推進するための特別の必要があると認めるときは、内閣総理大臣は、閣議にかけて、関係地域の全部又は一部について災害緊急事態の布告を発することができる」とされている。こちらの布告には罰則規定がある。内閣総理大臣はこの布告を発した時、20日以内に国会に付議してその布告を発したことについて承認を求めなければならない。

また、緊急措置については次の3つの項目が定められている。

① その供給が特に不足している生活必需物資の配給又は譲渡若しくは引き渡しの制限若しくは禁止

② 災害応急対策若しくは災害復旧又は国民生活の安定のため必要な物の価格又は役務その他の給付の対価の最高額の決定

③ 金銭債務の支払い（賃金、災害補償の給付金その他の労働関係に基づく金銭債務の

支払い及びその支払いのためにする銀行その他の金融機関の預金等の支払いを除く）の延期及び管理の保存期間の延長

前項の規定により制定される政令に違反した者に対して、２年以下の懲役もしくは禁固、10万円以下の罰金、拘留、科料もしくは没収の刑を科す、となっている。次項に掲げる項目が基本だが、状況によって国会への報告・承認は事後でもよく、政令（閣議）で緊急対応措置が決定できる。

3 「災害緊急事態の布告」の効果

- 緊急災害対策本部の設置（第28条の２）（第１０７条）
- 対処基本方針の制定（第１０８条）
- 当該災害に関する情報の公表（第１０８条の２）
- 重要物資をみだりに購入しないことなどを国民に求める権限及びこれに対する国民の努力（第１０８条の２）
- 避難所等に関する特例（第86条の２）、臨時の医療施設に関する特例（第86条の３）、

防災ひと口メモ

安全とは何か？

新型コロナウイルスの緊急事態宣言について、政府は解除となる条件の目安の1つとして、直近1週間に発生した新規感染者数の合計が「人口10万人当たり0.5人以下」としている。そのほかに医療提供体制、検査体制を挙げているが、解除された知事からは「時期尚早」「解除に前のめり過ぎる」などの批判が上がった。出すのは容易だが、安全を見極めるタイミングは難しい。国際的安全規格に関する「ガイド51」で、安全とは「受け入れられないリスクのないこと」と定義されている。この定義での安全とは「リスクゼロ（絶対安全）」という状態を意味していない。

『広辞苑』で安全を引くと「①安らかで危険のないこと。平穏無事。②物事が損傷したり、危害を受けたりするおそれのないこと。」と書かれている。安らかで危険のないことというのは単なる数値ではなく、多くの人が安心できることである。つまり、そのリスクを社会が受け入れることに合意できることが基準である。

例えば、放射能汚染に関し「基準値以下だから安全」と言っても、反発する人たちからは「基準値以下でも安全とは思えない」の声が聞こえる。それは「自分にとっては受け入れられないリスクだから安全ではない」と言っているのだ。安全と安心が混同され、言葉と意味がすれ違って使われている。議論がかみ合うわけがない。2011年3月11日午後7時3分、政府は原子力災害対策特別措置法に基づき「原子力緊急事態宣言」を発出した。しかし、未だに解除されていない。

埋葬及び火葬の特例（第86条の4）、及び廃棄物処理の特例（86条の5）の適用（第108条の4）

●行政上の権利利益に係る満了日の延長措置（特定非常災害特別措置法第3条）、刑事上の義務の履行期限の延期措置（特定非常災害特別措置法4条）、債務超過を理由とする法人の破産手続開始の決定の延期措置（特定非常災害特別措置法5条）及び相続承認・放棄の期限の延期措置（特定非常災害特別措置法6条）

●海外からの支援受け入れのための政令の制定権（第109条の2）

２０１１年の東日本大震災でこの災害緊急事態の布告を出さなかった。出していれば、もっと迅速な支援体制ができたものと思われる。特に当時不足した燃料などを国家が集中管理し救援隊やボランティアなどに適切に配分できた可能性がある。当時の政権は福島第一原発事故で「原子力緊急事態宣言」を発出しただけで、残念ながら災害緊急事態の布告は出す余裕がなかったのかもしれない。ちなみに、原子力緊急事態宣言はいまだに解除されていない。

今後、感染症が流行している中で大規模災害が発生する複合災害が起きた場合、政府は特措法の緊急事態宣言ではなく、災対法の災害緊急事態の布告を発出する可能性が高い。特に避難所等に関する指定基準など、車中避難場所を含め福祉避難所などについても特例適用とすることができると考えている。３密防止対策や社会的距離を確保するためには、既存の避難所だけでは大幅に不足する。体育館だけでなく教室や民宿、旅館、ホテル、民間事業所の駐車場などの施設借り上げが急務となる。市区町村は今のうちに、根回しや協定を結んでおくべきである。また、臨時の医療施設に関しても感染防止のための、感染トリアージを屋外テントなどで行い、感染の疑いがある住民を隔離収容するスペースとそのための導線の検討も不可欠である。

第4章

避難所のあり方

２０２０年5月29日、中央防災会議（会長・安倍晋三首相）は、新型コロナウイルスの感染拡大などを受け、国の防災基本計画を修正した。被災者が集まる避難所で感染が広がるのを防ぐため、必要に応じてホテルなど宿泊施設の活用も検討することを盛り込んだ。今後、自治体は、修正された基本計画に沿って地域防災計画の見直しを進めることになる。4月7日に内閣府は各自治体に対し、災害時は可能な限り多くの避難所を開設して避難者のスペースを十分確保するよう求めていたが、それを具体的に示したものである。

修正された基本計画では、新型コロナの発生を踏まえ、「避難所では従来の食料や飲料水、毛布などに加えてマスクや消毒液の備蓄に努める」「避難所における避難者の過密抑制など感染症対策の観点を取り入れた防災対策を推進する必要がある」と明記した。その上で自治体の防災担当者と保健福祉担当者が連携して避難所の感染症対策にあたり、「必要な場合は、ホテルや旅館などの活用を含めて検討するよう努める」とした。

また、２０１９年房総半島台風（15号）では、記録的強風により倒木が相次ぎ、千葉県を中心に最大約93万戸が停電したことを踏まえ、修正後の計画では、都道府県や電気事業者などに対し、連携して事前に樹木を伐採するなどの予防策を講じ、停電時には被災者への情報提供を十分に行えるよう体制を整えるよう求めている。さらに、同年の台風19号では記録的大雨により河川の決壊などが相次ぎ、多数の犠牲者が出たことから、ハザードマップを住民に配布する際は「居住する地域の災害リスクや住宅の条件などを考慮し、取るべき行動や適切な避難先を判断できるよう周知に努める」としている。防災基本計画は災対法に基づき、地震や豪雨、火山噴火など災害の種類に応じて国や自治体などが講じるべき対策をまとめたもので、同会議が毎年見直しを行っている。

5月、内閣府はこうした修正に対応するため、マスクや段ボールベッドなどの物資や資材を避難所に備蓄する際にかかる経費について、「地方創生臨時交付金」を活用できることを各都道府県に通知した。2020年4月以降に自治体がホテル、旅館などの民間施設を借り上げて、避難所を設置・管理する事業を行った場合も、同交付金の活用ができる。さらに、コロナウイルス対策に配慮した避難所運営訓練の指針や、避難所での感染予防に関する具体的な助言を取りまとめ、全国の自治体に通知する。

地方創生臨時交付金は、新型コロナウイルス感染拡大を防止すると共に、感染拡大の影響を受けている地域経済や住民生活を支援し地方創生を図るため、自治体が地域の実情に応じてきめ細かに必要な事業を実施できるよう「新型コロナウイルス感染症対応地方創生臨時交付金～脱コロナに向けた協生支援金～」制度が2020年4月20日に閣議決定したものである。そして5月1日付で、「新型コロナウイルス感染症対応地方創生臨時交付金制度要綱」が内閣府地方創生推進室から各自治体に通知された。当初第1次補正予算での1兆円が、第2次補正予算で2兆円に増額された。自治体は避難所の増設だけでなく、避難者の環境整備などにもこの交付金を有効利活用すべきである。

1 指定緊急避難場所の指定条件

従来の災対法では、切迫した災害の危険から逃れるための避難場所と、避難生活を送るための避難所が明確でなかった。そこで東日本大震災を教訓に2013年6月に災対法が改正された。切迫した災害の危険から逃れるための指定緊急避難場所と一定期間滞在し、避難者の生活環境を確保するための指定避難所を明確に区分し、その指定基準を定めている。

指定緊急避難場所の指定基準の「政令で定める基準に適合する施設又は場所」とは、地震以外の異常な現象を対象とする指定緊急避難場所の場合に、「管理条件」と「立地条件」を満たすこととなっている。ただし、立地条件を満たさない場合には「管理条件」かつ「構造条件」を満たすことが定められている。また、地震を対象とする指定緊急避難場所の場合は「管理条件」と「耐震条件」を満たすことが求められている。ここでいう「管理条件」とは、①災害が発生し、又は発生のおそれがある場合において居住者等に開放されること（災対法施行令第20条の3第1号）と、②居住者等の受け入れの用に供する部分について、物品の設置又は地震による落下、転倒若しくは移動等により避難上の支障を生じさせないこと（災対法施行規則第1条の3）の、条件①及び②を両方満たすこととされている。つまり、発災時に確実に開設されることが必要なのである。そのために管理条件（管理体制）として、発災時等における指定緊急避難場所開放を行う担当者等が予め定められていること、そして居住者等の受け入れの用に供する部分及び経路に、避難に支障のある物品が存在しないこと、存在する場合は地震発生時の落下防止措置がとられていることとなっている。

また、立地条件（同令第20条の3第2号）は、「異常な現象（地震を除く）が発生した場合において、生命又は身体に危険が及ぶおそれがないと認められる土地の区域（以下、「安全区域」という）内にあるものであること。」とされている。災対法改正前のように、指定緊急避難場所と指定避難所の区別のない「避難所」とされていた施設または場所の中には津波や洪水等による浸水想定区域あるいは土砂災害警戒区域等の中に存在するものがあり、居住者等が避難勧告等に従い当該避難先へ避難した結果、かえって被災した事例もあった。このため、指定緊急避難場所は原則として、その危険が及ぶおそれがない「安全区域」内に立地することが求められている。安全区域に該当しない区域は異常な現象の種類ごとに次のように示されている。ただし、地震についてては日本全国あらゆる地域で発生する可能性があるため、地震による「安全区域」は設定されていない。

2 安全区域に該当しない区域の例

●洪水：水防法の浸水想定区域
●崖崩れ・土石流および地滑り：いわゆる土砂災害防止法に基づく土砂災害警戒区域、土砂災害特別警戒区域。国土交通省所管の土砂災害危険箇所。林野庁所管の山地災害危険地区、農林水産省農村振興局所管の地すべり危険箇所。
●高潮：水防法の浸水想定区域。
●津波：津波防災地域づくりに関する法律の津波浸水想定。
●大規模な火事：各自治体において作成されている延焼危険度を示す地図等や、地震時等に著しく危険な密集市街地等において大規模な火事による輻射熱等の影響が及ぶ範囲。
●内水氾濫：水防法の浸水想定区域。
●噴火に伴い発生する火山現象（火砕流、溶岩流、噴石等）：各火山地域に設置されている火山防災協議会において、検討された火山ハザードマップが示す、各火山災害要因（火砕流、溶岩流、噴石等）の影響が及ぶおそれのある範囲。

構造条件（災対法施行令第20条の3第2号ただし書き等）については、異常な現象に対しての安全な構造として、次の条件を同時に満たすことが求められる。

●当該異常な現象により生ずる水圧、波力、振動、衝撃その他の予想される事由により当該施設に作用する力によって損壊、転倒、滑動又は沈下その他構造耐力上支障のある事態を生じない構造のものであること。

●当該異常な現象が津波である場合にあっては、上記の構造であることに加え、地震に対する安全性に係る建築基準法並びにこれに基づく命令及び条例の規定に適合するものであること。

●洪水、高潮、津波等に係る施設については、想定水位以上の高さに居住者等受入用部分があり、かつ当該部分までの避難上有効な経路があること。

基本的に指定緊急避難場所として指定する施設または場所は「管理条件」を必ず満たすと共に、「立地条件」を満たしていること（立地が安全区域内であること）が基本だが、仮に立地条件を満たさない場合であっても「構造条件」を満たしている施設である場合には、指定した当該施設が異常現象による影響を受けたとしても、避難者の安全が守られ、緊急時の避難場所として指定しても特段の支障は生じないものと考えられ、こうした構造条件を定めたものである。

「耐震条件」は次のイ、ロ、いずれかに適合することとしている。地震が発生し、または発生のおそれがある場合に使用する施設または場所にあっては、次の基準のいずれかに該当するものであること。
イ　当該施設が地震に対して安全な構造のものであること。
ロ　当該場所又はその周辺に地震が発生した場合において、人の生命又は身体に危険を及ぼすおそれのある建築物、工作物その他の物がないこと。
地震に対する安全性に係る建築基準法並びにこれに基づく命令及び条例の規定に適合する例としては、当該施設の構造が少なくとも1981年（昭和56年）に定められたいわゆる「新耐震基準」に適合することが挙げられる。

3 浸水想定区域でも、ビルの上階を指定緊急避難場所に指定できる

災対法施行令施行規則第20条の3で、立地条件は「安全区域」を原則としているが、ただし書きで、「次に掲げる基準に適合する施設については、この限りでないとしている」「当

該異常な現象に対して安全な構造のものとして内閣府令で定める技術的基準に適合するものであること」「洪水、高潮、津波等が発生し、又は発生するおそれがある場合に使用する施設にあっては、想定される洪水等の水位以上の高さに居住者等の居住者等受入用部分が配置され、かつ、当該居住者等受入用部分までの避難上有効な階段その他の経路があること」とされている。

つまり、洪水、高潮、津波などに対し安全な構造の施設で、想定水位以上の高さに避難できる経路など避難上有効な階段などがあれば、一帯が浸水想定区域であっても、そのビルの上階を指定緊急避難場所に指定できるということである。これで、避難場所の選択肢が増えた。従来は浸水想定地区内の学校や公共施設は原則として指定緊急避難場所に指定できなかったため、住民は大雨や洪水の危険がある中、遠くの避難場所まで避難しなければならなかった。現在は、施設の構造条件と管理条件を満たせば立地条件を満たさなくても、近くの学校や施設に避難することができる。北海道帯広市では次のように洪水に備えた指定緊急避難場所のルールを定めている。

- 洪水発生時の気象状況に対応するため、室内に滞在できること。
- 安全区域（浸水想定区域外または浸水深が0・5m未満の浸水想定区域）に立地していること。

防災ひと口メモ

リスクトレードオフ

例えば2001年の9・11同時多発テロ以降、米国ではテロやハイジャックへの不安から飛行機の利用者が減少し、長距離を車で移動する人が増えた。その結果、自動車事故による死亡者数は年間1,500人も増えてしまった。ほかにもこういう例がある。魚にはダイオキシンやPCB、DDTや自然放射性物質のポロニウム210などの様々な発がん性物質が含まれているからと、魚を食べる頻度を少なくすると、冠動脈性心疾患にかかりやすくなる。原発事故後の福島では、放射線リスクを避けるため家に引きこもり、野菜や魚やキノコを食べないことで、別の健康リスクを招いたという。どちらが正解というものではないが、相反するリスクを知らなければ、偏った選択をしてしまう可能性もある。いずれも、リスクを避け、安全を求めた行動によって、別のリスクに巻き込まれる例である。それをリスクトレードオフと言う。

人は毎日、いくつものリスクトレードオフに直面し、その都度恩恵と危険度を無意識に天秤にかけ、恩恵が多くリスクの少ない方を選択している。それらの選択肢は常に2者択一ではない。その他のリスク回避手段を模索することも大切。

感染症流行時、台風などで避難指示が出た場合、避難所での感染が怖いからと、避難所へ行くのを躊躇し逃げ遅れ、犠牲になってしまったら身も蓋もない。避難所だけでなく親戚宅・知人宅、車中避難、テント泊など分散避難も選択すべき。その時になって慌てないように、平時にシミュレーションし準備しておくことが肝要である。

●安全区域外に立地している場合は、河川氾濫に対して安全な構造であるとともに、想定される洪水等の浸水想定水位以上の高さに避難者を受け入れる空間が確保できること。その場合、次のア、イ、を条件として指定緊急避難場所とする。
ア　構造物は鉄筋コンクリートまたは鉄骨鉄筋コンクリート構造であること。
イ　浸水想定深による避難場所
●想定浸水深が0・5m以上2・0m未満の場合は、2階以上
●想定浸水深が2・0m以上5・0m未満の場合は、3階以上

4 ハザードマップ及び防災マップに記載する留意事項

避難勧告・避難指示（緊急）などの伝達方法と指定緊急避難所などの情報を住民に伝えることは極めて重要である。災対法施行規則第1条の8は次のように規定している。「異常な現象が発生した場合に人の生命又は身体に危険が及ぶおそれがある区域を表示した図面に、災害に関する情報の伝達方法、指定緊急避難場所及び避難経路等の事項を記載したもの（電子的方式、磁気的方式などで知覚によっては認識不可能な方式で造られる記録を

含む）を、印刷物の配布など適切な方法により、各世帯に提供すること。図面に表示した事項及び記載した事項に掲げる情報やインターネットの利用その他の適切な方法により、居住者等がその提供を受けることができる状態に置くこと」。つまり、ハザードマップや防災マップなどを印刷物、あるいはウェブでも閲覧できるようにすることであるが、作製する場合に次の点を留意する必要がある。

- 指定緊急避難場所と指定避難所の目的、要件等が異なっていること。
- 指定緊急避難場所と指定避難所が相互に兼ねて指定されている場合があること。
- 指定緊急避難場所は災害種別に応じて指定がなされており、避難の際には発生するおそれのある災害種別に適した指定緊急避難場所を避難先として選択する必要があること。
- 市区町村地域防災計画などにおいて、指定緊急避難場所以外の避難場所を位置付ける場合、指定緊急避難場所とは異なる避難場所である旨を明示すること。
- 各種ホームページでの公表や防災マップ等の配布を行う際、掲載されている内容が最新のものとなるよう留意すること。
- 居住者の中には外国人も含まれている場合があるので、英語、中国語、韓国語などでも公開できるようにしておくこと。

5 指定緊急避難場所等の表示と「国土地理院地図」

地域防災計画やハザードマップなどに指定緊急避難場所を規定する場合、地域で従来から使用されている呼称まで統一する必要はなく、居住者に理解されやすい呼称でよい。そして、居住者等の指定緊急避難場所への円滑な避難誘導や、当該避難場所の存在の啓発のためには、そこへ至る避難経路も含めて、標識を設置することが有効である。また、指定緊急避難場所については、観光客をはじめとする滞在者を含めた居住者等に対し、その避難場所がどの災害に適応しているか一目でわかるようにイラストなどを記載する必要がある（図7）。

特に国土地理院、内閣府及び消防庁におい

図7　避難所・避難場所の図記号

表3–3　JIS規格の図記号

規格番号	表示事項	図記号
JIS Z 8210	避難所（建物）	
JIS Z 8210	避難場所※	
JIS Z 8210 ISO 20712-1	津波避難場所	
JIS Z 8210 ISO 20712-1	津波避難ビル	

※JIS Z 8210（案内要図記号）では、「広域避難場所」として規定されているが、JIS Z 9098（災害種別避難誘導システム）では、避難場所図記号としてこの図記号を使用することとしている。

出典：JIS（日本工業規格）

ては、居住者等の円滑かつ迅速な避難の確保及び居住者一人ひとりの避難先の容易な確認に資するため、指定緊急避難場所の名称・所在地等の情報を掲載・管理するための指定緊急避難場所データを作成し、都道府県、市区町村から提供された情報を国土地理院が管理するウェブ上の地図に反映し、2017年2月22日より「地理院地図」において公開を開始している。このデータはオープンデータとして学校や地域における防災訓練・防災教育・企業における防災アプリケーションの開発等に活用可能となっている。市区町村でまだ登録されていない場合や、新たにハザードマップや防災マップを作製した時や、指定緊急避難場所を変更した場合は国土地理院に報告しておく必要がある。

6 全国の避難所概要

内閣府の調べによると、全国の指定緊急避難場所は9万9813か所（2017年4月1日現在）、指定避難所数は7万5895か所（2018年10月1日現在）、確保している福祉避難所数は2万2579か所（2018年10月1日現在）、指定福祉避難所は8064か所となっている。確保している福祉避難所とは、協定を締結するなどして発災時に開設できる福祉避難所を含んだもの。

避難所に指定されている学校の防災関係施設・設備の状況は年々向上しているが、まだ改善途上が多い。2015年段階で主な施設・設備の状況を見てみると、屋外利用トイレの整備率は70・6%、体育館のトイレ整備率82・3%、学校敷地内における防災倉庫の整備率は51・5%。通信装置の整備率61・3%、自家発電設備等の整備率は43・9%、貯水槽・プールの浄水装置等の整備率は37・7%でしかない。また、公立小中学校施設の耐震化率は99・2%と耐震化は進んでいるが、この耐震化率は主要構造部の耐震化率であって、ガラスなどの非主要構造部の耐震化はまだ万全ではない。

7 避難所の収容基準

2020年5月の防災基本計画修正もあり、自治体は地域防災計画の「想定避難者数」と「想定収容者数」などの見直しを迫られている。避難勧告や避難指示発令時に「警戒レベル4・全員避難」と呼びかけても、住民全員が本当に避難してきたら、すべてを受け入れることができる指定緊急避難場所も指定避難所もないという矛盾（実際は危険区域の危険な住宅に住む人だけの全員避難であって、住民全員が対象ではないという意味が周知されていない）、大規模地震（大津波警報）発生時、多数の住民が避難すると想定されるが、その想定避難者数が過小評価されているという矛盾、避難所となる体育館などの収容能力を一時的にせよ500人などとしているが、それでは避難者が横になることもできないというような矛盾が山積している。

一口に避難者と言っても、災害ごとに様々な要因と動機で避難してくる。避難準備・高齢者等避難情報、避難勧告・避難指示（緊急）や、津波警報・大津波警報が発令された地域の人。自宅が全半壊し住めない人、大規模火災・延焼拡大やガスの漏えい地域の人、余震や津波を懸念する人、停電・断水などで生活が困難な人、土砂災害やダム決壊など二次災害に怯える人、一人暮らしや身体が不自由な人などなど。

特に、断水してしまうと、トイレが流せなくなり、非常用トイレも備蓄していない人が避難してくるので、想定避難者数には断水人口というファクターも加味されている。

内閣府（2013年）による想定避難者数の計算は、

全避難者数＝（全壊棟数＋0・13×半壊棟数）×1棟あたりの平均人員＋断水人口×断水時生活困窮度

としている。それにより南海トラフ地震の発生時は、避難者880万人などと想定している。

また、発災当日、1日後、1週間後、1か月後の避難者数をインフラ復旧を見据え時系列で算出している。また、帰宅困難者については、従来は自宅までの距離が10km以内の人は全員帰宅可能、20km以上の人は全員帰宅が困難、その間は1km長くなるごとに帰宅率が10%ずつ低減するものと計算されていた。東日本大震災以降は、当時の帰宅実態調査結果に基づく外出距離別帰宅困難者率を設定して、

帰宅困難者率%＝（0・0218×外出距離km）×100

で算出している。

ただし、現状の避難者想定には、宝永南海トラフ地震×宝永富士山噴火、台風×大規模地震、豪雪×大規模地震、感染症×大規模災害などの複合災害についてはまったく考慮されていない。特に、感染症流行時の避難所は収容能力が半減する。今後は連続災害や感染症×大規模災害を常態として収容基準を定める必要がある。

指定避難所の収容基準は、災対法などでは具体的に指定されておらず、市区町村ごとに地域防災計画などで定めている。しかし、その多くが「限られたスペースありき」の形式的計算で収容人数を決めている。例えば東京都の避難所は、2018年4月1日現在では2964か所（協定施設を含む）、福祉避難所1397か所である。避難所の収容人数は約317万人となっている。大規模火災などを想定した指定緊急避難場所の場合、輻射

熱などを考慮し避難計画人口1人当たり1㎡以上を確保することを原則としていた（東京都防災ホームページ）。

現在は改善しつつあるようだが、少し前まで東京23区の指定避難所の収容基準は、発災直後、一時避難の居室は3・3㎡当たり4人が目安で、長期避難居室は3・3㎡当たり2人とされていた。1人当たり0・825㎡〜1・65㎡にしかならなかった。全国の指定避難所における発災時の占有面積は、概ね平均1㎡／人〜2・2㎡／人が多い。これは感染症流行時の避難場所というシチュエーションが入っていないからである。2020年の防災基本計画修正もあり、全国の自治体は、コロナ禍以降、大車輪で避難所の収容基準の改定に追われている。

阪神・淡路大震災（1995年）の避難所における1人当たりの収容面積は、1・57〜2・93㎡だったが、一番多かったのは1人当たり1・0〜1・7㎡であった。1人当たり、畳1畳に満たない極めて劣悪な環境で、結果としてインフルエンザの集団感染が起きてしまった。阪神・淡路大震災が発生したのは1月17日午前5時46分、冬の寒い日だった。この時は前年暮れからインフルエンザが全国的に流行していた。しかも停電で避難所の換気設備が停止、寒さが厳しく窓を開放できる状態ではなかった。その結果、避難所などで3か月間に919人が死亡し災害関連死と認定された。亡くなった人の多くが基礎疾患を抱えた人や高齢者だったが、死因の8割はインフルエンザが引き金になっている。ちなみに、災害時や紛争時の避難所関係の国際基準であるスフィア基準では、最低居住スペースを1人当たり3・5㎡としている。しかし、このスフィア基準も、給水などの部分で一般的なアウトブレイクに言及しているが、今回のようなパンデミックは想定していない。そのため物資の支給もマスクや感染症消毒薬などが含まれていない。スフィア基準は目安の1つにして、感染症×大規模災害＝複合災害における避難所の1人当たりの占有スペースは最低でも4㎡以上とすべきである。

8　スフィア基準（抜粋）

スフィア基準ができたのは、1994年に起きた東アフリカのルワンダ共和国の紛争で、追われた避難民がアフリカ大湖沼地域の難民キャンプで多数死亡したことがきっかけである。1997年に複数の人道支援を行うNGOと赤十字・赤新月運動のメンバーたちによって、人道憲章に基づく人道支援のあり方を追求するスフィアプロジェクトが発足し、2018年に名称を「スフィア」（人々の意味で使用）に改めた。そして、人道憲章と人道対応に関する最低基準をまとめたものをスフィア基準（スフィア・スタンダード）と呼んでいる。これは難民だけでなく、災害や紛争により影響を受けた人々とそれを支援する人たちを対象にした国際的な人道基準である（図8）。しかし、これが直ちに日本の避難所運営に当てはまるものではない。ただし、このスフィア基準と比較して議論されることがよくあるので、参考に紹介しておく。

○災害や紛争の影響を受けた人の3つの権利（人道憲章）

① 尊厳ある生活の権利
② 人道支援を受ける権利
③ 保護と安全への権利

○あらゆる人道支援及び人道支援従事者の活動は、以下の4つの権利保護の原則に準じて行われる（権利保護の原則）

① 人々の安全、尊厳、権利の保障を高め、人々を危害にさらさないこと
② 人々がニーズに応じた支援を差別なく受けられるようにすること
③ 脅迫、暴力、抑圧、意図的な剥奪により身体的または精神的な影響を受けた人々の回復を支援すること
④ 人々が自らの権利を主張できるようにすること

図8　スフィア基準（最低必要水量：生存に必要な水量とその数値化）

生存のニーズ：水分摂取（飲料水および食料）	1人1日2.5～3リットル（気候や個人の生理機能による）
基本的な衛生慣習	1人1日につき、2～6リットル（社会および文化的規範による）
基本的な調理ニーズ	1人1日につき、3～6リットル（食料の種類や社会におよび文化的規範による）
保健センターおよび病院	外来患者1人につき、5リットル　入院患者1人1日につき、40～60リットル　外科的処置および手術1回につき、100リットル　洗濯機、水洗トイレなどのために追加が必要な場合もある。
コレラセンター	患者1人1日につき、60リットル　介助者1人1日につき、15リットル
ウィルス性出血熱センター	患者1人1日につき、300～400リットル
食事療法センター	入院患者1人1日につき、30リットル　介助者1人1日につき、15リットル
不定期の移動診療所	患者1人1日につき、1リットル
頻繁に行われる移動診療所	患者1人1日につき、5リットル
経口補水塩補給所（ORPs）	患者1人1日につき、10リットル
受入／一時滞在センター	1日以上滞在する場合：1人1日につき、15リットル　日中のみの滞在の場合：1人1日につき、3リットル
学校	飲料および手洗い用：生徒1人1日につき、3リットル（トイレ用は含まない。下記「公衆トイレ」参照）
モスク	手洗用：1人1日につき、2～5リットル
公衆トイレ	手洗い用：1人1日につき、1～2リットル　トイレ洗浄用：個室1つ1日につき、2～8リットル
水洗トイレ	下水道と直結した従来型水洗トイレ：1人1日につき、20～40リットル　注水式の水洗トイレ：1人1日につき、3～5リットル
肛門清拭	1人1日につき、1～2リットル
家畜	大および中型の動物：1頭1日につき、20～30リットル　小型の動物：1頭1日につき、5リットル

出典：スフィア・スタンダード2018年度版抜粋

○人道支援の必須基準

①　人道支援は状況に合わせて適切に実施されている
②　変化する状況にあった、効果的な人道支援が行われている
③　人道支援が地域の対応力を高め、負の影響を未然に防いでいる
④　人道支援はコミュニケーション、参加、ならびに影響を受けた人々の意見に基づいて行われている
⑤　苦情や要望を積極的に受け入れ、適切に対応している
⑥　人道支援は調整されており、相互補完的である
⑦　人道支援は継続的に学習し、改善している
⑧　職員は、効率的に職務を行えるよう、自らもサポートを受けられ、適正かつ公平な扱いを受けている
⑨　資源は管理され、本来の目的のために責任を持って活用されている

国際法では、同じ表現では記されていないものの、この3つの権利は法的権利を要約したものであり、人道上の責務を明文化している。スフィア基準は現在2018年度版がウェブなどで公開されている。そこには「人道憲章」「権利保護の原則」「人道支援の必須基準」「行動規範」という4つの共通土台と「給水、衛生および衛生促進」「食糧安全保障および

栄養」「避難所および避難先の居住地」「保健医療」という生命保護のために必要不可欠な4つの要素の各分野における最低基準が定められている。

○給水・衛生および衛生促進（誰もが水と衛生の権利を有する）

・衛生促進（衛生的な生活習慣の促進・適切な衛生設備の供給）

・給水（安全な飲料水の調達・運搬と補完）

・し尿管理

・固形廃棄物管理

・アウトブレイク（集団感染）と保健医療における衛生

○スフィア基本指標（石鹸と水）

・1家庭につき10リットル〜20リットルの水を入れる容器2つ（調達用1つ、保存用1つ）

・1人毎月、入浴用石鹸250グラム

・1人毎月、洗濯用石鹸200グラム

・手洗い場用の石鹸と水（共用トイレの手洗い場に1組、または家庭用トイレに手洗い場に1組）

・子どもの排泄処理用のおまる、シャベルやオムツ

○スフィア基本指標（生理用品）

・女性や少女の好みにより吸水性のある綿の素材（4㎡／年）、使い捨ての生理用ナプキン

（15個／月）または再利用できる生理用ナプキン（6個／年）
・追加の石鹸（250グラム／月）

○スフィア基本指標（失禁用品）

・吸水性のある柔らかい綿の素材（8㎡／年）、使い捨ての失禁用パッド（150枚／月）または再利用できる失禁用下着（12着／年）
・下着（12着／年）
・追加の石鹸（入浴用500グラム／月、洗濯用500グラム／月）
・洗濯可能な防漏タイプのマットレスカバー2枚
・水を入れる追加容器
・漂白剤または類似の消毒剤（原液3リットル／年）
・差し込み型便器と尿瓶（男性用と女性用）、ポータブルトイレ（必要に応じて）

○スフィア基本指標（給水）

・基本的な水の総量（7・5〜15リットル／人／日）
・生存に必要な水の摂取量（2・5〜3リットル／人／日）
・衛生上の行動（2〜6リットル／人／日）
・基本的な調理（3〜6リットル／人／日）

○スフィア基本指標（水関連の最大利用者数）
・蛇口1つにつき、250人（基準流出量：毎分7・5リットル）
・手動ポンプ1台につき、500人（基準流出量：毎分17リットル）
・解放井戸1基につき、400人（基準流出量：毎分12・5リットル）
・洗濯施設1か所につき、100人
・入浴施設1か所につき、50人
・家庭から一番近い給水所への距離、500m未満
・水源で並ぶ時間、30分未満

○スフィア基本指標（し尿管理）
・共用トイレの割合（発災直後は50人につき最低1つ以上、通常は20人につき最低1つ以上）
・内側から施錠でき、適切な照明が付いていること
・女性や少女にとって安全であること
・女性や少女が定期的に使用する場合は、月経衛生管理されていること
・子ども、高齢者、妊婦や障害者を含むすべての人々が安全に利用できること
・住居から50m以内に設置されていること
・手洗い用、肛門洗浄用と水洗用の水がたやすく供給できること

・尊厳をもって女性用の生理用品、子ども用や成人用の失禁用品を洗濯、乾燥または処理することができること
・ハエや蚊の繁殖が最小限に抑えられていること
・臭いが最小限に抑えられていること
・250人に1つは、個室で、性別に関係なく、スロープ付きかフラットなままでアクセスできること

〇スフィア基本指標（アウトブレイク（集団感染）を含めた疾病予防と対応）

・水の安定供給を保つため、最低48時間分の安全な水（1リットルあたり0・5㎎の遊離残留塩素（FRC）を確保する）
・疾病の感染を抑えるため、移動に不自由をきたす人用に、室内トイレやポータブルトイレを用意する
・水と洗剤で、トイレ、シャワー、洗い場等の衛生施設を洗浄する。トイレの洗浄は強すぎる薬品を使用しないこと
・要所ごとに安全な水、石鹸やアルコール消毒液を配備した手洗い場を設置する。ハンドドライヤーまたは使い捨てペーパータオルを設置する
・床および作業スペースの表面を水と消毒液で毎日洗浄する

・汚染の可能性のある表面を0・2％の塩素溶液で洗浄および消毒する
・再利用可能な医療器具を使用する前に毎回洗浄、消毒と殺菌処理を施す
・明らかに汚れているシーツなどの布類はすべて、0・1％の塩素水に浸し消毒する
・手術室で使用する布類はすべて殺菌消毒する
・医療廃棄物は、廃棄物が発生する場で3つのごみ箱方式で分離する
・廃棄物の分離と管理について、すべての保健医療従事者に研修を行う
・廃棄物の収集、処理と廃棄を任命されたチームは個人用防護具を着用する。最低限、手袋と長靴は着用する
・すべての保健医療従事者は、患者に接触の前と後ろに石鹸やアルコール消毒液を使って手を清潔に保つ
・すべての患者とケア提供者は、調理および食事の前とトイレに行った後に手を洗う
・すべての手洗い場に石鹸またはアルコール消毒液（またはアウトブレイクが発生した場合は0・05％の塩素溶液）を設置する

○スフィア基本指標（アウトブレイクと疾病予防）

・10人の入院患者につき手洗い場1つ
・給水所における飲料水の質は、最低値1リットルにつき0・5〜1㎎遊離残留塩素

○スフィア基本指標（避難所のスペース）

・1人当たり最低3・5㎡のスペースがあること。

9 「避難所における新型コロナウイルス感染症への更なる対応について」

2020年4月7日、内閣府は都道府県、保健所設置市、特別区宛に「避難所における新型コロナウイルス感染症への更なる対応について」という事務連絡を通知・公表した。その主な内容は以下のとおり。

●可能な限り多くの避難所の開設

発災した災害や被災者の状況等によっては、避難所の収容人数を考慮し、あらかじめ指定した指定避難所以外の避難所を開設するなど、通常の災害発生時よりも可能な限り多くの避難所の開設を図るとともに、ホテルや旅館等の活用等も検討すること。

●親戚や友人の家等への避難の検討

災害時に避難生活が必要な方に対しては、避難所が過密状態になることを防ぐため、可能な場合は親戚や友人の家等への避難を検討していただくことを周知すること。

●自宅療養者等の避難の検討

自宅療養等を行っている新型コロナウイルス感染症の軽症者等への対応については、保健福祉部局と十分に連携の上で、適切な対応を事前に検討すること。

●避難者の健康状態の確認

避難者の健康状態の確認について、保健福祉部局と適切な対応を事前に検討の上、「避難所における感染対策マニュアル」における症候群サーベイランスの内容も参考として、避難所への到着時に行うことが望ましい。また、避難生活開始後も、定期的に健康状態について確認すること。

また、東日本大震災時に作成された「新型インフルエンザ等の院内感染制御に関する研究」研究班（主任研究者　切替照雄）による「避難所における感染対策マニュアル　2011年3月24日版」も右の通知と共に掲載されていた。

●手洗い、咳エチケット等の基本的な対策の徹底

避難者や避難所運営スタッフは、頻繁に手洗いするとともに、咳エチケット等の基本的な感染対策を徹底すること。

●避難所の衛生環境の確保

物品等は、定期的に、および目に見える汚れがあるときに、家庭用洗剤を用いて清掃するなど、避難所の衛生環境をできる限り整えること。

●十分な換気の実施、スペースの確保等

避難所内については、十分な換気に努めるとともに、避難者が十分なスペースを確保できるよう留意すること。

●発熱、咳等の症状が出た者のための専用のスペースの確保

発熱、咳等の症状が出た者及びその濃厚接触者を収容する専用の隔離室を確保すること。学校であれば、教室などを当てる。隔離室収容者専用のトイレを確保することが望ましい。その動線を明確にしてレッドゾーンとして一般避難者とのゾーン分けを明確にする。などの工夫をすることが望ましい（133頁～参照）。

10 民間施設の避難所指定

コロナ禍は、これまでの劣悪な避難所の環境改善のチャンスである。そして、2020年5月に修正された防災基本計画に「避難所における避難者の過密抑制など感染症対策の

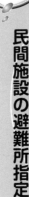

観点を取り入れた防災対策を推進する必要がある」と明記され、その上で自治体の防災担当者と保健福祉担当者が連携して避難所の感染症対策にあたり、「必要な場合は、ホテルや旅館などの活用を含めて検討するよう努める」とされ、必要な費用にかかる財政支援も打ち出されている。

この機を逃せば避難所の改善は永遠にできない。特に1人当たりの占有面積を最低4㎡にすることや、プライバシー保護や感染防止としても他の家族間における間仕切りを設置する等、今から始めなければならない。それには学校の体育館だけでなく教室を含め、指定条件に合致する公共施設を総動員して避難所に指定することである。それでも不足する場合は、民間施設を指定するしかない。さらに、避難所の負荷を減らすために、車中避難を含め分散避難を推進する必要がある。特に、感染症懸念では従来の指定避難所より、車中避難を選択する人が増加する可能性が高い。そのためにも、安全な駐車場などをあらかじめ「車中避難場所」に指定する方法もある。

感染症×大規模災害＝複合災害に備えるだけでなく、災対法の一部改正により、市区町村には避難所における良好な生活環境を確保し、被災者の避難生活に対するきめ細やかな支援を実施することが求めれている。その第一歩として避難所不足解消と1人当たりの占有面積拡大などのために、指定緊急避難場所、指定避難所、車中避難場所を増やす必要がある。総数が限られた公共施設だけで十分な指定緊急避難場所を確保することが困難な場合、民間施設についても指定を積極的に検討すべき時である。民間施設を避難所に指定または協力協定を結んだ自治体に行った電話での聞き取り調査による事例を次に掲げる。

(1) 民間施設指定事例

・感染症が流行している最中に大規模災害が発生した場合、現在の指定緊急避難場所だけでは3密防止や社会的距離を確保することが困難である。また、1人当たりの占有スペース4㎡程度を確保するためには、公共施設だけでは不足するため、民間施設を指定することになった。

・新型コロナウイルスの軽症者等の受け入れを申し出た民間施設が利用されないままだったので、県と調整し市の避難場所に指定することになった。

・ゼロメートル地帯に位置するため、防災意識が高い居住者が、避難場所を確保するため、自発的に民間施設と調整を行ったことをきっかけに民間施設の指定を行った。

・市と民間事業者が災害予防・対応に関して長らく協力関係にあり、円滑な指定が可能であった。

・自主防災組織と民間事業者がすでに直接協定を締結するなどの協力関係を築いており、

避難場所としての指定についても円滑に調整することが可能だった。

指定緊急避難場所の民間施設の指定事例としては、沿岸部において津波に対する避難場所を指定したり、河川の流域で決壊・洪水のおそれのある地域などで指定する事例も多かった。具体的な施設としては、ホテル、旅館、民宿、マンション、オフィスビルの屋上、駐車場、ロビー等。また商業施設の駐車場、スーパー、ホームセンター等の一部や駐車場、高速道路の敷地（サービスエリアなど）、工場のグラウンドなどの屋外。

(2) 指定された民間施設のメリット

・避難場所として施設を開放することで、地元に貢献している姿勢を見せることができ企業のイメージアップにつながる。

・市と企業が交わした協定の締結式がマスコミ・自治体の広報誌等のメディアに取り上げられるなど、企業の好感度が向上する。

・防災マップや町中に掲出される看板等に避難場所として施設や企業名が掲載され、企業イメージや知名度向上につながる。

・企業のＣＳＲ（社会貢献）実績に加えることで、ステークホルダー（利害関係者）に対し、企業の好感度を上げる。

(3) 民間施設の指定避難所留意点

・避難所支援職員を定める。
・指定した民間施設の鍵管理の確認、夜間や発災時管理者不在でも外側から解錠できるようにする。
・避難所の開設・閉設、運営ルールを定める。
・指定した民間施設内に、市区町村の責任で最低限度の水・食料・寝具・非常用トイレ、マスク、消毒薬、非接触検温器など、開設に必要な什器備品の備蓄をどうするか、あるいは発災時に搬送する手はずを整える（維持管理も市区町村で行う）。
・指定した民間施設の避難所マニュアルを提示し、他の避難所との整合性が取れるようにする。
・指定した民間施設に対応する市区町村担当者を複数選任し、発災時には施設管理者と連携して避難者対応を行い、災害対策本部との連絡係を兼任する。
・関係者（市区町村、施設管理者、自主防災組織、地域自治会等）と、年に1度避難所開設訓練を行う。
・発災時に一定期間避難所として使用する場合の、費用等について事前に協定しておく。

第5章

発災時の避難所運営

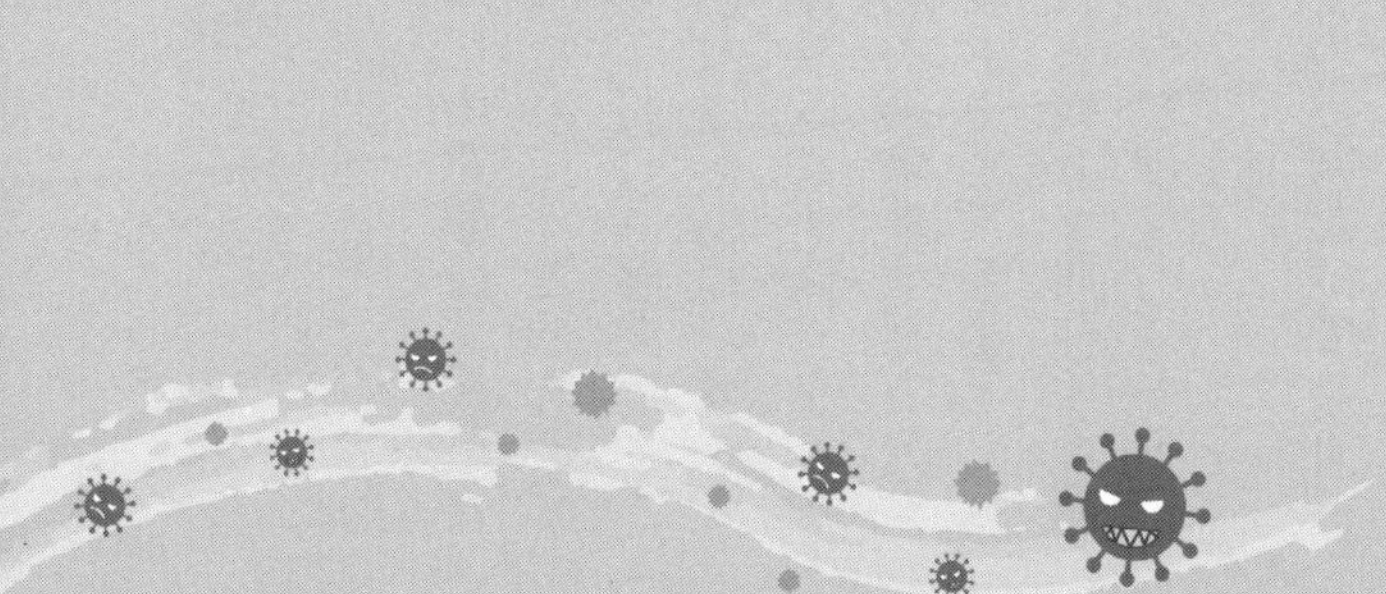

1 複合災害に備え、避難所支援班の見直し

発災時に避難所を支援する担当部署・避難所支援班は、災害対策本部の避難所支援班と現地担当避難所支援班とが密接に連携できる体制が重要である。そのためには地域防災計画に「避難所支援班」の役割と位置づけを明確にしておく必要がある。特に、感染症×大規模災害＝複合災害発災時には、最前線で避難者と向き合い、感染拡大防止などに努めることになるため、現地担当支援班員（以下、「支援班員」）自身の感染リスクが高くなるからである。また、地震、津波、洪水、噴火などが単独で発生した場合の避難所支援と異なり、複合災害時における避難所支援は、クラスター（集団感染）の発生や災害関連死を防ぐための多様な対応が求められる。そのため、従来のように避難所に近接して居住する職員を優先するだけでなく、保健・衛生・医療など、少しでも経験が生かせる専門スキルを持った職員を選任すべきである。

また、従来の支援班員のように主に災害対策本部との連絡係としての役割だけでなく、自分自身の感染防止策と避難者の健康・衛生管理の推進にもかかわることができるように、避難所における感染症対策などについて事前に研修を行っておかなければならない。

さらに、避難所支援は外部自治体職員、教職員団体、ボランティア団体等からの応援隊も駆けつけてくる。複合災害発生時の避難所の応援要員に対しても、直ちに作業をしてもらうのではなく、感染予防対応などの資料を配布し、たとえ短時間でも研修を行ってから避難者支援にあたってもらうルールも重要だ。

複合災害時は、心労も多く精神的疲労が重なる激務が予想されるので、支援班員の交代制を見込んだ複数人数の配置が求められる。そして、全員がダウンしないように時間シフト・ローテーションで長期戦に備える準備。それは公共施設の指定避難場所だけでなく民間施設の避難場所へ派遣する支援班員にも同様の配慮が必要である。さらに福祉避難所は感染すると重篤になりやすい基礎疾患のある人が多いので、感染拡大防止に気配り目配りができる班員が求められる。

避難所運営委員会が組織されている地域では、従来から避難所開設訓練などが実施されていると思うが、複合災害対応の訓練までは実施されていない地域が多い。そのため、早めに、複合災害対策のための避難所運営委員会を開催して、複合災害避難所運営マニュアルを作成する等情報と危機意識を共有するための研修会と「複合災害・避難所運営訓練」を実施しておく必要がある。実施時には「老若男女に優しい避難所」「男女共同参画の避難所」「感染拡大防止対策避難所」など、具体的なテーマを掲げて訓練するといい。

さらに、複合災害に備え、通常の水・食料・寝具・非常用トイレなどのほかに、マスクや消毒薬、防護服、フェイスシールド、手袋など衛生管理資器材・防護装備品の備蓄と取り扱いの習熟が不可欠。特に避難所の出入り口は手指消毒だけでなく靴底消毒、手荷物消毒の必要性などの知識と情報を共有することが急務である。また、発熱症状や濃厚接触者などは保健所の指示を仰ぐが、その間は隔離室（図9）に収容する必要がある。その隔離室を管理するための準備と訓練が必要となる。できれば、住民の中に「元看護師」「元保健師」「元介護福祉士」などの経験者がいれば、登録しておいてもらい、いざという時に避難所運営要員として協力してもらえるようにしておくのも1つの方法である。また、在宅避難者、車中避難者などの分散避難者を支援できるように、指定避難所を「複合災害対策・地域防災拠点」と位置づけ、必要なヒト、モノと合わせ、支援体制の見直しが求められている。

図9　隔離室イメージ（教室モデル・7m×9m）

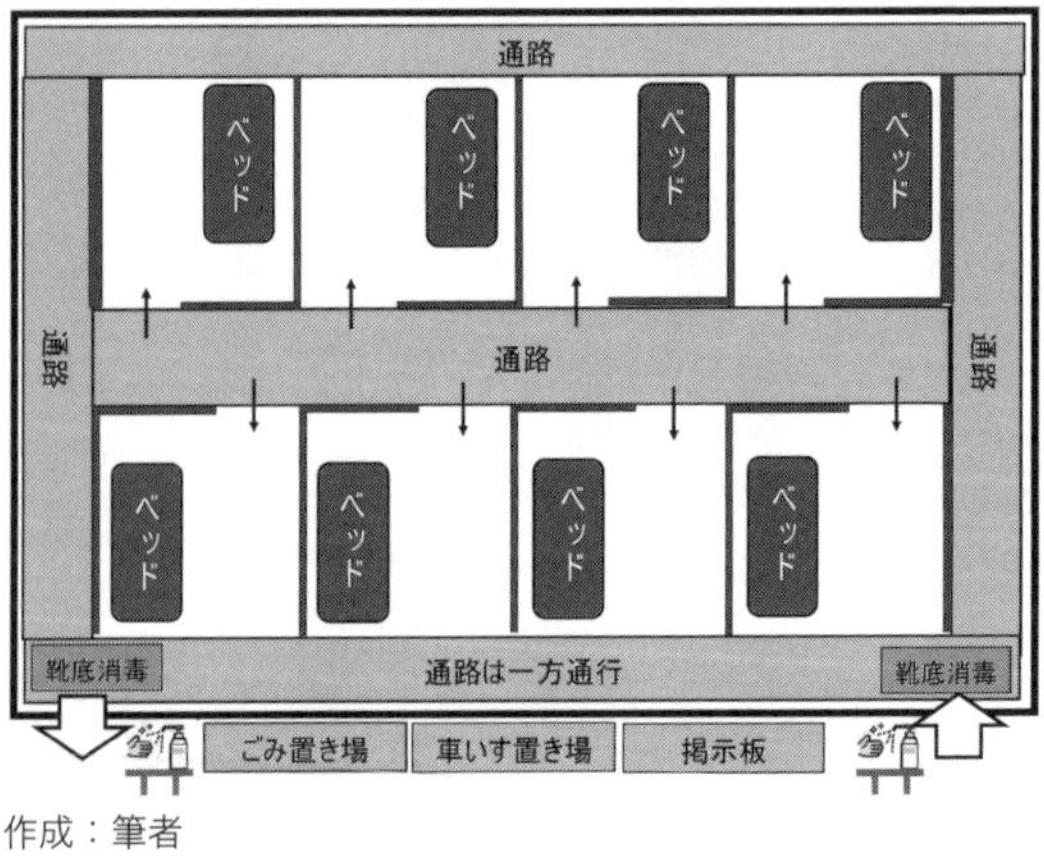

作成：筆者

2 避難所支援と運営体制

(1) 避難所支援の協働体制(例)

市区町村は地域防災計画に基づき、災害対策本部及び避難所支援班を構成する担当部署や各避難所の運営を担当する組織・団体・関係機関を明確にして連携協働体制を推進する。しかし、従来の体制は、大規模災害が単独で発生することを想定したものであって、感染症と大規模災害が同時発生した場合の複合災害は想定していない。また、大規模災害発生後に感染症が蔓延する可能性もある。そこで、複合災害に備え、地域防災計画と共に災害対策本部や避難所の運営体制を見直す必要がある。自治体の規模や想定災害によって異なるが、感染症対策も包含できるように構成メンバーを増強すべき。

例えば、従来の構成に加え、法務担当（災害緊急事態の布告関連、協定対応等）、車内避難場所などの特例避難所担当、防疫・感染防止担当、感染者・隔離担当、広報担当、労務担当、財務担当、避難所支援班担当（兼務可）を加える（■印）ことを提案する。

1 市区町村災害対策本部・避難所支援班の構成メンバー見直し

- □防災担当
- □福祉総括担当
- □災害救助法所管担当
- □障害者担当
- □高齢者担当
- □母子・乳幼児担当
- □外国人担当
- □男女共同参画担当
- □保健担当
- □医療担当
- □上水道担当
- □浄化槽・し尿処理担当
- □衛生（ゴミ処理）担当
- □ペット対策担当
- □商工担当（物資担当）
- □防犯担当
- □ボランティア担当
- □営繕・建築担当
- □教育委員会（施設の事務局）
- □広報担当
- ■分散避難者担当
- ■特例避難所担当（民間施設・車中避難場所等）
- ■防疫・感染防止・隔離担当
- ■避難所支援班担当
- ■医療衛生機器・装備品担当

・□＝従来の構成員　■＝増強すべき構成員

2 各避難所の運営本部（避難所運営委員会）構成メンバー

- □施設管理者
- □避難所派遣職員（避難所担当支援班）
- □他自治体からの応援職員
- □都道府県

□ 警察
□ 消防・消防団
□ 避難者（在避難所）
□ 地域住民（自主防災組織、自治会、婦人会など）
□ 医療・福祉事業者等
□ NPO・ボランティア
□ 社会福祉協議会（災害ボランティアセンター等）
■ 衛生管理責任者
■ 隔離室等支援要員
■ 医療衛生機器・装備管理者
■ 分散避難者支援要員

作成：筆者

(2) 避難所運営委員会の見直し

避難所の運営は地域や避難者等による自治運営が原則であるが、発災後の避難所運営形態（主体）は時系列で変化していく。発災直後は、避難所開設基準（震度6弱以上の地震が発生した時など）に基づいて運営委員が参集し、避難所運営委員会（施設管理者、自主防災組織、自治会役員、避難所担当支援職員等）が主体となって、避難所開設準備、受付、誘導、物資配布などの応急対応から進めていく。人手が不足する場合は、元気な避難者の協力を求める。そして、避難生活が中長期にわたる場合、避難所の運営主体は避難者が中心となり避難所運営委員会を構成し、避難所担当支援職員やボランティアなどと連携し避難所運営を行っていくことになる。

いずれにしても、感染症×大規模災害＝複合災害を旨とした避難所運営が可能となるよう、避難所運営委員会の見直しが急務である。前述したように、避難所での感染拡大防止のために、元看護師、元保健師、元介護福祉士などの専門スキルを持った住民を募集し、事前に「緊急時避難所支援者」や「防災人材バンク」に登録してもらう等、より具体的、より実践的な見直しが必要。時間経過とともに避難所の環境は整ってくるが、発災直後・混乱期の避難所運営によって、クラスター（集団感染）を招く要因となるので、自治体と連携した事前の態勢づくりが極めて重要となる。

例えば、避難所の消毒体制。今までも避難所の出入り口に手指消毒セットが置かれていたが、実際には消毒しない人もいて、必ずしも消毒が徹底されていなかった。今後は、政府や自治体からの新しい避難所運営指針に基づき、複合災害を新常態とした運営となる。例えば、手指消毒と合わせ、出入り口での非接触検温、消毒マットでの靴底消毒などが必要となり、靴を入れるビニール袋も準備することになる。また、それを確認する人を出入り口に配置しなければならない。さらに、共同使用部分の定期消毒・清拭などのために、消毒班を組織する等、従来の避難所運営委員会よりもマンパワーの増員を図ることになる。

また、従来の避難所を複合災害・地域防災拠点と位置づけ、近くに指定した車内避難場所への要員派遣も検討した編成も必要になる。また、在宅避難者への物資配布など分散避難者の支援も視野に入れた態勢づくりが必要となる（従来班□、追加班■）。

1 避難所運営委員会と主な業務（例）

□ 委員長／避難所運営全般の統括。避難所運営会議の開催。市区町村の災害対策本部からの情報・指示の伝達など
□ 副委員長／委員長の補佐・代理など
□ 総務班／運営事務局、各班との調整、避難者の入退所管理など
□ 施設班／避難所の使用スペースの決定、施設・設備の維持管理、トイレの確保・管理、生活用水の確保・管理、冷暖房・換気設備の管理など
□ 救護班／負傷者の応急手当・看護、避難者の健康管理など
□ 食料班／食料・飲料水の管理・調達、炊き出し、食中毒防止など
□ 物資班／物資の管理・調達、配給など
□ 施設管理者／施設の維持管理・修理、施設業務の早期再開など
□ 避難所担当支援班職員／各班の活動支援、市区町村の災害対策本部との連絡調整、要配慮者支援窓口の設置、福祉避難室の開設・運営、取材対応、避難所日誌の記入など
■ 防疫・消毒班／出入り口の手指消毒、靴底消毒、ドアノブなど不特定多数接触部の定期消毒・防疫、ソーシャル・ディスタンシング（社会的距離）確保など
■ 隔離室支援班／発熱者、濃厚接触者の隔離室支援、元保健師、元看護師、元社会福祉士など
■ 清掃班／トイレ・手洗い所、床の清掃など
■ 情報伝達班／災害・感染症等の情報収集、掲示板掲出・伝達など
■ 交通整理班
■ 車内避難場所運営・管理班
■ 在宅避難者支援班

作成：筆者

(3) 避難所の事前備蓄

感染症流行時の大規模災害発生はこれまで想定していなかったため、避難所の事前準備もなされていない地域が多い。2020年5月の防災基本計画修正で、感染症に対応する備蓄をすることが明記された。そこで、複合災害に備えてこれまでの防災備蓄品に加えるべき物品を提案（一部重複）する。数量は避難所規模、運営委員数などから定める。消耗品の備蓄数量は3日分が目安となっている。以下の表を参考にしていただきたい。

防災備蓄品に加えるべき物品と主な用途

備蓄品	主な用途
腕章・帽子	避難所運営委員用
筆記用具	配布用・避難者カード記入用など、感染防止のため戸別に支給
油性マジック（2色）	本部・貼り紙用など
カッターナイフ	本部・段ボール開梱用など
ホワイトボードマーカー（2色）	本部・掲示板用など
クリップボード	本部・避難所運営用
コピー用紙	本部・避難所運営用
模造紙	避難所運営用
施設安全点検チェックリスト	本部・避難所運営用
避難者名簿	本部・避難所運営用
避難所日誌	本部・避難所運営用
健康チェックシート	発熱などの感染症状チェック
簡易避難者カード	本部・避難所運営用
詳細避難者カード	本部・避難所運営用
避難者退所届	本部・避難所運営管理用
災害・防災掲示板	本部・避難所運営用

備蓄品	主な用途
咳エチケット・避難所生活ルールプリント	配布用・感染拡大防止用
各種掲出用張り紙	本部・避難所運営用
シューズカバー	配布用・感染拡大防止用
物資管理帳	本部・避難所運営用
屋外テント	本部・屋外受付用・感染拡大防止用
仮設トイレ	避難所運営用
小型発電機・三脚・照明セット	屋外トイレなど・避難所運営用
大型扇風機	感染拡大防止・換気・避難所運営用
携帯電話充電アダプター	本部・避難所運営用
コードリール	本部・避難所運営用
トイレットペーパー	トイレ用など
マスク	配布・感染拡大防止用
防護服	本部・感染拡大防止用
ゴーグル	本部・感染拡大防止用
フェイスシールド	本部・感染拡大防止用
使い捨てゴム手袋	感染拡大防止用
手指消毒用具	本部・感染拡大防止用
消毒液	本部・感染拡大防止用
靴底消毒マット	本部・感染拡大防止用
不特定多数接触什器等消毒用具	配布・感染拡大防止用
ドアノブ等の消毒セット	感染拡大防止用
間仕切り	プライバシー保護用 パーテーション、スクリーン、カーテン、シーツ、ビニールシートなど
医療廃棄物容器	救護室用
医療廃棄物用ポリ袋	使用済みマスク及び使用済み感染予防具用など
非接触体温計	本部・感染拡大防止検温用
多人数用救急箱	応急救護用など
石鹸・タオル	配布・感染拡大防止用

備蓄品	主な用途
食品ラップ	配布・食品配布用など
空気清浄機	救護室・隔離室用
簡易ベッド	妊産婦や足腰の弱い人用など
床マット	ブルーシートの下に貼るマット
メジャー	本部・ソーシャル・ディスタンシング確保用など
養生テープ（2色）	本部・スペース割り振り用等
ビニールテープ	ロープの端末処理用など
バリケード・カラーコーン	本部・危険個所表示用
立ち入り禁止テープ・ロープ	本部・危険個所表示用
軍手	本部・作業用
万能ハサミ	本部・ロープ、ブルーシートの調整など
ヘルメット	本部・施設の安全確認用など
ガムテープ	本部・破損した窓ガラスなどの応急対応
ブルーシート	本部・破損した窓ガラスなどの応急対応
ポータブルトイレ	トイレまで行けない人用
清掃用具	ガラス破片処理など・避難所運営用
古新聞紙	ガラス破片処理など・避難所運営用
担架	救護室・傷病者搬送用
拡声器	本部・情報伝達用
懐中電灯	本部・夜間のパトロール・作業用など
ラジオ	避難所運営用
予備の乾電池	本部・懐中電灯、ラジオ用など
雨具	本部・夜間のパトロール・作業用など
一般用ごみ箱・ごみ袋	避難所運営用
生理用品ごみ袋	避難所運営用
飲料水・食料	配布・避難所運営用
粉ミルク・液体ミルク	配布・避難所運営用
生理用品	配布・避難所運営用
オムツ	配布・避難所運営用

作成：筆者

(4) 避難スペースのレイアウト表

いったん避難所に被災者が流入し、「場所取り」が始まってしまうと、その人たちを再び再配置することは大変に難しいのが現実。事前にルールを決めておかないと、後になって必要スペースを確保することも困難となる。平時に避難所の避難スペースレイアウト表をつくり、市町村、施設管理者、地域住民等で共有しておくことが重要である。発災時は混乱するので、避難者たちが一目でわかるように、エリア分けを示す案内板を作成し避難所内に掲出しておくべきである。

避難者の居住エリアや占有スペースを割り振るために、事前に定めたレイアウトルールに則り「避難スペースレイアウト表」を作成しておくと発災時にも慌てず迅速に対応できる。避難所担当支援班の職員や避難所運営委員会の役員、施設管理者が集まって事前に定めておくとよい。指定避難所となる施設(体育館)の平面図を用意し、出入り口、トイレ、手洗い所、物資配布場所、救護室、隔離室などを結ぶ幹線通路をまず確保する。幹線通路は避難者同士1~2m以上離れてすれ違えるように3~4m幅をとった通路とする。その幹線通路に通じ、居室スペースに接する支線通路幅は2mとする。そして、感染者や発熱などの症状のある人、濃厚接触者を隔離収容する隔離室などのレッドゾーン。高齢者・障害者などの要配慮者は「要配慮者エリア」とし、教室などの別室か、救護室やトイレに近い場所などを振り分ける（図10）。

1　避難エリアのゾーニング（区分け）の種類

●レッドゾーンエリア

感染者、発熱などの感染症状のある人、濃厚接触者などは、一般避難者と分け隔離できるレッドゾーンエリア（学校であれば教室など簡易ベッドが置ける個室）を設ける。その場合は、一般避難者と遭遇しないようトイレや出入り口などとの動線も分けられるレイアウトとする。

●要配慮者エリア

身体障害者、傷病者、妊産婦、介護が必要な人、基礎疾患のある人、高齢者、共同生活ができない人など配慮が必要な人のエリアを設定する。トイレに行きやすい場所、家族などが介護しやすい場所など、その場所の安全を確認し施設管理者と協議の上で、教室などの別室を割り振る。ただし、

図10　居住スペース割り振り表（避難初期）

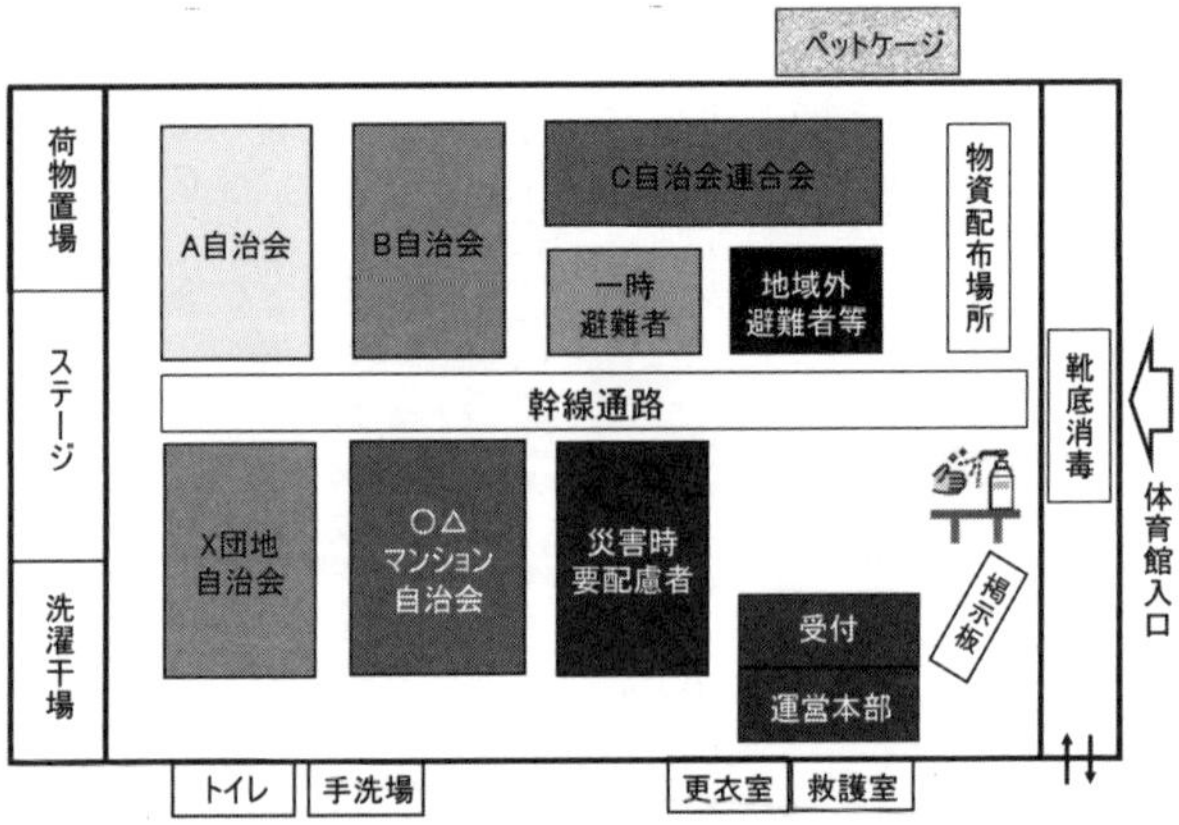

作成：筆者

トイレとの距離や移動や防犯にも配慮が必要である。

本来、要配慮者は福祉避難所に誘導すべきだが、発災直後は多くの場合福祉避難所が満員になってしまい、受け入れ不能状態になることが多いので、福祉避難所の受け入れができるまでの間居住するエリアを設置する。

●オンライン診療エリア

オンライン環境が整ったら、オンライン診療を積極的に進める。道路や交通機関支障の中、病院に行くことは困難である。特に持病の悪化による体調不全に陥る人が多い。その場合は必要な投薬配送なども活用すれば感染拡大防止に役立つ。

●地域外避難者エリア

帰宅困難者、一時滞留者など地域外の避難者を収容するエリアも設定する。地域外からの避難者や帰宅困難者は、交通機関が回復し経路の安全が確認できたら、帰宅する人たちなので、帰宅困難者等としてまとまって待機するエリアを割り振る必要がある。

●更衣室・授乳エリア

男女を問わず安心して着替えることができる場所、また気兼ねなく授乳できる場所を割り振る。運営本部の近くで、のぞき見されず、かつ出入り口の死角の少ない防犯上安全な場所を配慮する必要がある。

●洗濯物干しエリア
下着などを干すことを配慮し、目立たない場所を割り振る必要がある。
●物品置き場エリア
一定のスペースがあり、管理しやすく、抜け駆けや無断使用が防げる死角の少ない場所を割り振る必要がある。
●乳幼児・子供遊び場エリア
乳幼児や子供たちが遊べるスペース。感染拡大を防ぐために、窓を開放し、家族ごとに間仕切りをする、時間制で交代して利用する等工夫が必要である。
●休憩・リクリエーションエリア
高齢者が休憩したり、体操したりできる。
●自習・学習エリア
長期滞在に備え、学童・生徒の自習や高学年が教えたりできる場所。

こうした居住用エリア以外は、発災直後はスペースに余裕がないため、余裕ができてから対応すればよい。

②　ブロック別ゾーニング

レッドゾーンエリア、要配慮者エリア、地域外避難者エリア以外の主に一般避難者の居住エリアを区分け（ゾーニング）する時、一般的には次のようにブロックに分けてゾーニング（区分け）する。

●自治会・町内会別ゾーニング方式

自治会（町会・町内会）または連合自治会別ごとにゾーニングする方式。避難者の出退所や物資配布なども自治会ごとに代表者を定め、まとめて管理できるので、運営管理がしやすい。また、顔なじみの隣人同士がまとまることで、安心感が生まれる。一般的にこのエリア分けが多い。

●地域別ゾーニング方式

大字単位などで、地域ごとにゾーニングする方式。自治会でも避難者数の大小によってばらつきができやすい。そこで、丁目、大字、地区別、団地、マンション程度でエリア分けする方式。これもブロック別に代表者を定め、情報の収集伝達、物資の配布などができ、比較的管理しやすい方式である。

●居住期間別ゾーニング方式

一時避難者、短期避難者、長期避難者など、居住の予定期間別にゾーニングする方式。建物崩壊などで長期避難（居住）が見込まれる家庭、建物は損壊していないので一時的に避難する家庭。あるいは一時滞留者や帰宅困難者など経路の復旧状況で流動的な人もいる。そうした被災状況などを考え、居住予定期間別にエリアを決める。それにより、同じ境遇の人たちが集まることで、相談し合えることになる。

・共有部優先ゾーニング方式

救護所、運営本部、幹線通路、物資置き場など、後述する共有スペースを先にゾーニングし、残ったスペースを居住スペースとしてゾーニングする方式。エリア分けした後、ゾーンごとに代表者を定め、話し合って世帯別の境界を定めることになる。感染症対策としても家族同士は多少の密接を許容できるので、隣接する世帯との間で一定距離が取れるようにする。居住スペースに限らず、隣人やグループとの境界を明確にすると、人は安心して眠れる。そして、間仕切りなどで最低限のプライバシーを守ることができるし、感染防止にも役立つ。その意味からも雑魚寝でなく、占有スペースと共有スペースを明確にすることが重要である。「密集・密閉・密接」の3密を防ぐため、居住スペースの1人当たり占有面積は4㎡（2m四方）以上が原則。家族が複数一緒に居住する場合のスペースは、1人当たり3㎡（1・5m×2m）以上を目安とし、隣接するスペース境界と2m以上離れることができるように計算し割り振る。実際には床に養生テープを貼り、間仕切りで仕切ることを考えてできるだけ公平に振り分けるが、直線で振り分けると、人数などにより半端な面積になることもあるのであらかじめ了解を取っておく。間仕切りがない場合は、お互いに向き合わないように配置（配列）にする。

地域別に避難スペースを割り振るのは、過去の失敗事例が活かされた結果である。夜間、大規模地震が発生し、住宅が損壊した人や余震をおそれた人たちが多数避難所にやって来た。受け入れ側も不慣れだったこともあり、受付順に避難者を体育館の奥から避難スペースを割り振ってしまった。その結果、ばらばらの地域が混在し、気付いたら周囲はみんな知らない人ばかりとなってしまった。いったん振り分けると、離れた知り合いとスペースが一緒になるように交換することは難しかった。そうした教訓を経て、最近は避難所の居住スペースは自治会別や地域別に振り分けるようになってきた。それでなくても恐怖と不安がある中、周囲に顔見知りの隣人たちがいるだけでも心安らぐものである。そうすれば、トイレに立つ際も子どもを見てもらったりすることもできるし、子どもの泣き声も隣人同士なら我慢できる許容範囲が広がり、つまらない諍いや気疲れを防ぐことになる。

水害などで避難勧告・避難指示（緊急）が発令された場合、地域によっては避難する人が比較的少なければ、十分に広いスペースがとれる。しかし、感染症流行時に人口の多い都市部で大規模地震が発生すると、ソーシャルディスタンスを確保したら200人で満杯になる体育館に多数の住民が避難してくる。従来の避難所の収容可能者数も3密防止対策を取れば半数以下しか収容できない。避難所を増設した場合、市区町村は、対応避難場所の変更や収容数の変更などを住民に正しく周知しておかなければならない。避難所での集団感染を心配し、危険な地域の人が避難をためらって犠牲になってしまっては本末転倒だからである。そうならないように、危険な地域の人たちが迅速に避難できるように、新たに設置した避難場所情報などが住民間で共有できるようにすることが重要である。

発災直後は、一時的に避難してくる人や、数時間後に自宅に戻る人もいるので、単一自治会単位でまとまってもらい（図10）、役員さんに避難者数の変化を確認し本部に報告してもらう。居住者が大幅に減った場合はエリア分けを再編成する。

割り振り表が作成できたら、避難所マニュアルに落とし込み、避難所に掲出しておく、同時に事前に自主防災組織や自治会などにも配布する。そして、年に2回の避難所運営訓練で、居住スペースの振り分け表に基づいて実際に床に養生テープを貼って、避難所体験訓練を行っておくとさらによい。

3 避難所における共有スペース

避難所における共有スペースをリストアップしてみる。

避難所における共有スペースリスト

・運営本部
・よろず相談室
・医務室（救護室）
・情報機器設置場所
（テレビ、仮設電話等）
・情報掲示板設置場所
・施設内トイレ
・仮設トイレ設置場所
・物資配布場所
・給水場所
・更衣室（男女別）
・洗濯場
・洗濯物干し場（男女別）
・授乳室
・更衣室
・救急車横づけ場所
・介護室
・喫煙場所
・ペット保護場所
・仮設風呂
・ゴミ置き場
・物資保管場所
・共有場所への通路など

(5) 避難所の開設

1 避難所の鍵管理

災害発生時、常に指定避難所の施設管理者がいて、すぐに避難所を開設できるとは限らない。また、大雨・洪水・土砂災害、大規模地震発生時に避難所支援職員がすぐに駆けつけてくることも難しいし、もしかしたら自治体職員だって被災しているかもしれない。特に休日夜間などは施設管理者が留守の場合が多い。さらに民間施設を避難所に指定した場合は、セキュリティの問題もあり時間外は施錠されている可能性がある。しかし、災害は時を選ばず突発的に発生する。中には、あるはずの鍵が所在不明になって避難所が開けられなかったケースもある。

令和元年東日本台風（19号）が関東地方に

甚大な被害をもたらした。報道によると、埼玉県幸手市（人口約5万人）も午前1時に災害対策本部を設置した。幸手市は関東平野のほぼ中央にあり、利根川が近くを流れ市内全域が海抜10ｍ前後の沖積低地にあるため、利根川が決壊すると市内の半数以上が2～5ｍ浸水すると想定されていた。10月13日、台風による大雨が降り続き利根川の氾濫危険水位を超えたため、幸手市は午前2時半に市内全域に避難勧告を発令し、指定緊急避難場所の開設を始めた。市の指定緊急避難場所は32か所あり、小中学校や市の施設は市で管理していた鍵で開けられた。しかし、幸手看護専門学校と日本保健医療大学・校舎については鍵の所在が分からず、学校側とも連絡が取れなかったため、避難場所を開設できなかった。日本保健医療大学では市職員が別の避難場所に誘導し、幸手看護学校では体育館や図書館を市などが管理していた鍵で開けて対応した。2日後になり、鍵は市で管理していたことが分かった。長年避難勧告が発令されなかったため、避難所の開設や運営を経験している職員がいなかったことが原因という。

こうした避難所の鍵について最近、新しい取り組みが始まっている。兵庫県加古川市が2019年から取り入れたのは放送波を利用し自動で解錠するシステムである。災害発生時防災行政無線で避難勧告などの避難情報を流すが、その屋外スピーカーや戸別防災ラジオの端末から音声を流す一方、電波による遠隔操作で各避難所の鍵を収納している鍵ボックスを一斉に開けるというシステム。自治体職員らが駆けつけなくても自動で鍵が開くため、住民の手で迅速に開設できる。鍵管理者が来るまで待つ時間がなくなり、避難所の開設が画期的に早くなる。これは、テレビの地上デジタル放送開始以降で、空いた周波数帯を利用した「Ｖ－Ｌｏｗマルチメディア放送」のうち、自治体が防災用途で情報配信できる仕組み（波帯）を活用している。加古川市は南海トラフ地震が発生した場合、最大震度６強の揺れと最大３ｍの津波が想定されている。そうなれば、鍵を預かる自治体職員らが確実に駆けつけられるという保証はない。そこで、こうした鍵管理システムを採用している。

南海トラフ地震で、最悪８ｍの津波が押し寄せると想定される和歌山市では、「震度感知式鍵ボックス」を設置している。通常セキュリティのため鍵ボックスにはロックがかかっているが「震度5弱以上」の揺れを感知した際に、電力を使用せず自動でロックが解除される優れもの。この鍵ボックスの中には、進入路を確保するために必要な施設の鍵や小型ハンマー、避難経路図を保管している。小型ハンマーは、地震の揺れにより施設のゆがみなどで正常に解錠できないときに使用されるという。

首都直下地震が懸念される東京都調布市では、平日は学校職員または市役所の避難所担当職員が避難所を開けることになっている。担当職員5人が各自鍵を保管していて、震度5弱以上の地震で自動的に緊急参集する。そして、休日夜間や災害時に駆け付けられない場合を想定し、暗証番号付きの鍵ボックスを採用している。防災備蓄倉庫となっているコンテナに設置された暗証番号付き鍵ボックスを、自治会や自主防災組織の役員が開けると避難所の鍵が入っているという寸法である。これであれば、早く駆け付けた人が鍵を開けることができるので、迅速に開設できる。従来鍵管理は、施設管理者と自治体職員しかもっていなかったところも多かったが、最近は避難所の近くにいる自治会や自主防災組織の役員にも預けたり、暗証番号付きの鍵ボックスを避難所に設置したりするケースが増えてきている。こうした実践的な鍵管理が進んでいない自治体は一刻も早く改善を進めるべきである（図11）。

図11　避難所及び防災倉庫の鍵管理

暗証番号キーボックス

２　避難所開設前の安全点検

大規模地震で大揺れに見舞われた場合、避難所が損壊している可能性がある。また、その後の連続地震にも警戒が必要となる。２０１６年熊本地震は、４月14日21時26分に前震と呼ばれるM6・5の地震が発生。震度7を記録した益城町に隣接する熊本空港は、その時はまだ平常通り機能していた。私が翌15日に被害の多かった益城町に入ると地割れや道路の段差が目立った。益城町は前震直後に7か所の避難所を開設する。しかし、余震が続いていたので多数の青空避難者や車中避難者がいた。指定避難所になっていない自治公民館や自宅の庭先に避難している人も多く、避難者の全容把握は困難を極めた。前震の時、指定避難所に避難した人は約2000人。避難所の1つである町の総合体育館のメインアリーナに行くと、避難者はそれほど多くはなく、100人程度しかおらず、800人以上収容可能というスペースには十分余裕があった。担当者の話では、前夜は約300人が避難したが、朝になって停電が復旧したからと帰宅した人も多かったとのこと。

建物被害は地盤の弱い河川沿いに集中していた。被災地を回り、その夜は熊本市内に宿泊。日付が変わった4月16日午前1時15分、下から大ハンマーで殴られたようなドシンという強い衝撃で目を覚ます。M7・3でエネルギーとしては前震の16倍、これが後で本震と呼ばれる大地震であった。再び震度7を記録した益城町は、前日まで無傷だった建物が軒並み倒壊するというすさまじい被害となっていた。前日、気象庁は記者会見で「揺れの強かった地域では、家屋の倒壊や土砂災害の危険性が高まっているおそれがありますので、今後の余震活動や降雨の状況に十分注意してください」と発表していた。余震に注意と言われれば、それ以上大きな地震は来ないと思うのが普通である。避難していた人も、家に戻り、片付けなどに追われ疲れて寝ていたところへ本震の大揺れ、前震ではヒビひとつなかった家が本震で潰れて亡くなった人も多かった。前震で亡くなった人は9人だったが、本震での死者は28人に上る。その多くが「余震」という言葉に惑わされ油断したのではないかと言われている。余震という言葉に批判が集中、それ以降気象庁は余震という言葉は使わず「同程度の地震に注意」と言うようになった。

益城町総合体育館・メインアリーナは、本震で天井や空調の配管が落下するなどで、使用できなくなり柔道場などの限られたスペースに多数の避難者が密集していた。後で調べると、建物を支える杭6本すべてが損傷していたことが判明する。その後、連続で地震が発生し3日間に震度6弱以上の地震が7回も発生した。最初の前震ではそれほど被害がなかった避難所が本震やその後の地震で損壊している。熊本県内14市町村で計63か所の指定避難所が損壊やそのおそれありで閉鎖された。１００人以上避難していた17市町村には５６０か所の指定避難所があったが、全面閉鎖された施設が28か所、一部閉鎖が35か所。閉鎖理由は周辺道路の通行止めや大雨による土砂災害の恐れがある避難所もあったが、多くは窓ガラス破損、ボルトやトラスの落下、天井や照明器具の破損などによるものだった。耐震性があるはずの避難所だが、それは主要構造部の耐震性であって非構造部材まで耐震化されていなかったことも要因である。

大規模地震後は、避難所の被災状況だけでなく、その後の連続地震に耐えられるかの視点でも施設の安全確認が必要である。発災直後、避難者が押し寄せる中で、専門家を待つことはできない。また、トイレは損傷していなくても、下水管が損壊していれば、施設内のトイレは使用できない。水を流してみて配管の安全を確認することも必要になる。事前に「避難所安全チェック表」（図12）を作成し訓練しておき、避難所運営委員や避難所支援職員が迅速にチェックできるようにしておくことが肝要である。ただし、こ

図12　○○避難所安全チェック表（例）／実施日　年　月　日　時

実施者／	
隣接建物が避難所に倒れ込む危険はあるか？	A.なし　B.一部あり　C.危険
周囲で土砂災害、液状化、地割れはあるか？	A.なし　B.一部あり　C.危険
建物が沈下、または建物周辺地盤が沈下したか？	A.なし　B.一部あり　C.危険
建物が傾いているか、危険はあるか？	A.なし　B.一部あり　C.危険
外部の柱や壁にひび割れ、損傷はあるか？	A.なし　B.一部あり　C.危険
床にひび割れや損壊はあるか？	A.なし　B.一部あり　C.危険
外壁などが落下、または落下の危険はあるか？	A.なし　B.一部あり　C.危険
屋根や天井が落下、または落下の危険はあるか？	A.なし　B.一部あり　C.危険
照明器具が落下、または落下の危険はあるか？	A.なし　B.一部あり　C.危険
その他、避難所として危険はあるか？	A.なし　B.一部あり　C.危険

集計	A.　個	B.　個	C.　個

Cが1個でもあれば「危険」、避難所として使用できない。Bが1個でもあれば「要注意」で、施設内に立ち入らず、災害対策本部に連絡し、他の避難場所に移動する。

Aのみの場合は、余震・二次災害に注意しつつ避難所を開設する。ただし、このチェック表は簡易の臨時点検、早めに被災建築物応急危険度判定士の判定を受けること。

作成：筆者

の点検はあくまで臨時の簡易点検なので、できるだけ早めに、災害対策本部に要請し被災建築物応急危険度判定士などに点検してもらう必要がある。

③　避難所開設準備

地域によって避難所の開設基準は異なるが一般的に避難勧告等を発令する前には避難所が開設されていなければならない。また、震度6弱（または震度5強）以上の地震発生時は避難所運営委員会が自動的に参集し、自動的に避難所を開設することになる。その時、感染症が流行しているかもしれない。感染症も新型コロナウイルスだけではない。1918年のスペインかぜ（インフルエンザ）や2009年のH1N1新型インフルエンザ、ノロウイルス、ロタウイルス、手足口病、伝染性紅斑（リンゴ病）など様々な感染症がある。現在のコロナ禍が収束したとしても、今後も感染症パンデミックが起きる可能性がある。

感染症流行時に避難所を開設する時は、避難者を収容する前に、参集した役員たちがその準備をしなければならない。ほとんど同時進行で進めることになるが、あえて優先順位を定めるとしたら次のようになる（一部前後する）。

- 役員は緊急参集者、全員マスク着用、互いに2ｍ以上距離を保つ。
- 役員は検温、手指消毒、靴底消毒を行う。

・開設準備の打ち合わせ・役割分担確認（人手が不足する時は、避難者に協力を求める）。
・避難者と接触・接近する可能性のある人は、フェイスシールド（ゴーグル）及び手袋等装着。
・救護室・隔離室要員は、防護服、ゴーグルまたはフェイスシールド、手袋、長靴を装着。
・避難所内外の損傷・安全確認（事前に安全チェック表を作成）。
・電気・水道・トイレ・換気・照明・電話など設備の損傷点検。
・スペースレイアウト表に基づき、各エリアを表示する。
・隔離エリアのベッド、間仕切り、レッドゾーン表示を行う。
・居住スペースにブルーシートを張る（躓かないように養生テープで縁を押さえる）。
・床に地域別・自治会単位にスペースを割り振る（養生テープ貼り）。
・非常用仮設トイレの組み立て。
・非常用発電機の確認及び照明器具を所定位置に設置。
・救護所（室）の開設。
・手指消毒・靴底消毒準備。
・ドアノブ、トイレなど不特定多数が接触する場所の消毒。
・受付準備（健康チェックシート、簡易避難者カード、スペースレイアウト表等配布準備）。
・避難所開設。

・災害対策本部に開設報告。

4 避難所の受付

・避難所受付は、通気性の良い屋外テントなどで行う。テントがなければドアを開放状態にした出入り口付近で受け付ける（一般受付と健康不安受付の2か所受付も検討）。
・夜間であれば発電機及び照明器具をセットする。
・受付担当者はフェイスシールド、手袋、マスクを装着する。
・避難者が触れるテーブル等は30分おきにアルコールなどで消毒する。
・受付を待つ人たちに、2m以上離れて並ぶこと、マスク装着をメガホンなどで呼び掛ける。
・高齢者・障害者、乳幼児、妊産婦、傷病者などは、原則福祉避難所に誘導する。
・靴底消毒・手指消毒をしてから受付の列に並んでもらう。
・マスクを持っていない人にはマスクを配布する。
・受付で、検温を行い「健康等チェックシート」にチェックしてもらう（図13）。
・発熱や健康に支障がある場合は、隔離室に誘導または病院に移送する。
・救護要員に検温、健康確認（申告）をしてもらってから、自治会単位などエリア別に集合してもらう（エリア単位に代表者を決める。次項からは自治会単位として進める）。

・自治会長が、簡易避難者カード、生活ルール、咳エチケットのプリントを配布する。
・簡易避難者カードに記入し、自治会代表者がとりまとめて、本部に提出する。
・定められた自治会スペース内を、世帯ごとに境界を定め役員がテープを貼る。
・他の世帯と原則2ｍ以上離れるように、境界を定める。
・避難所内は、原則マスク着用とする（食事などを除く）。

図13 健康等チェックシート（例）

名前／	生年月日／	年	月	日	生まれ（	歳）
住所／	電話／	緊急連絡先／				

該当する人は、□にチェックを入れてください（選択肢がある場合は○してください）

①	□	感染が確認されていて、自宅隔離中でしたか？
②	□	感染が確認されていた人の濃厚接触者で健康観察中でしたか？
③	□	過去14日以内に、感染症患者との接触はありましたか？
④	□	過去14日以内に、感染症流行地域に行ったことがありますか？
⑤	□	現在、高熱（37.5度以上）ですか？
⑥	□	過去14日以内に高熱(37.5度以上)だったことがありますか？
⑦	□	強いだるさがありますか？
⑧	□	息苦しさ、咳や痰、のどの痛みはありますか？
⑨	□	においや味を感じにくいですか？
⑩	□	その他、感染を心配する症状はありますか？
⑪	□	・介護や介助は必要ですか？　・障がいがありますか？
⑫	□	・乳幼児がいますか（妊娠含む）？
⑬	□	・呼吸器疾患、糖尿病、その他持病はありますか？

作成：筆者

5 健康チェックシートで発症者、濃厚接触者、発熱者、体調不良者がいたら

- 直ちに救護所と連携し隔離室へ隔離班が誘導する。
- 隔離班は、医療マスク、防護服、フェイスシールド、手袋、ゴーグル等防護装備を装着する。
- 消防署、災害対策本部、保健所、保健医療調整本部、地域医療機関に連絡する。
- 重症者はドクターヘリの出動を要請する。
- 医療機関に移送するまでの間、オンライン診療の要請をし、繋がったら救護所員が立ち会って応急対応を行う。
- 持病の悪化などで体調不良に陥った人は、感染者とは別のエリアの個室に誘導する。
- 感染症状者や濃厚接触者にはトイレを含むレッドゾーンの説明をし、協力を求める。

6 隔離室の留意事項

発症者等は、できるだけ早く感染症を受け入れる専門の医療関係機関に移送することが原則。しかし、発災時の混乱状態ではすぐに対応してもらえない場合が多い。その場合、他の避難者と隔離し、できる範囲で最善を尽くすしかない。それでも、事前に簡易ベッド、間仕切り、レッドゾーンなどを準備してあれば、一定の隔離体制を取ることができる。

・隔離室に出入りする隔離監視班等は防護装備を必ず装着すること。
・壁やドアなどで完全に一般居住スペースと仕切られた部屋であること。
・トイレや手洗い場、出入り口のなどの動線が一般避難者と完全に分かれていること。
・窓、換気扇、扇風機、サーキュレーターなどで適切な換気ができること。
・重症者、軽症者、濃厚接触者を分けて収容できる場所であること。
・学校の教室の場合、ベッドが間に合わなければ机を並べその上にマットレスを敷いて簡易ベッド代わりとすること。
・簡易ベッドの間隔は2m以上離すこと。
・ベッド間は高さ2m程度の間仕切り（パーテーション、カーテン、シーツ等）で区切ること。
・歩行困難者にはポータブルトイレを設置すること。
・通路は2m幅以上確保すること。
・通路は一方通行とすること。
・通路に物は置かないこと。
・出口と入り口を分けること。
・出入り口には手指消毒を置くこと。

・出入り口には靴底消毒マットを置くこと。
・出入り口には、監視要員を置くこと。
・ベッドルームへの出入り口は、互い違いになるよう区切ること。
・ドアノブなど、多数が触れる場所は定期的に消毒すること。

7 簡易避難者カードと避難者数の把握

災害対策本部や避難所運営委員会にとって、応急対策などのために迅速な避難者数の把握が極めて重要である。それにより安否確認（家族などの安否を確認しに来訪する人へ対応できる）、食料等の物資確保（必要数など）、避難者支援（要配慮者、障害者、高齢者、乳幼児、妊産婦、病人、負傷者など）に役立つからである。

発災直後は、人の出入りが流動的なので避難者情報は概要でよい。発災直後の混乱期に詳細な属性や内容を申告させようとしたら、受付に長蛇の列ができ密集、密接は避けられないし、避難所内に入るまで長時間がかかってしまう。最初は概算の避難者数を把握する。そのため、避難者は自治会ごとに集合し、「簡易避難者カード」（図14）に記入してもらい、自治会単位でとりまとめ、避難者メモを避難所運営委員会本部（以下「運営本部」）に提出する。避難所担当支援班職員は、それを集約し避難者数等を災害対策本部に報告すると共に、必要な物資の供給を要請する。その後運営本部で避難者名簿に記載し、簡易避難者カードは戻されて自治会単位で保管する。後日落ち着いた時点で詳細避難者カードを提出してもらう。

8 避難所開設後の流れ

- 出入り口での検温、手指消毒、靴底消毒を徹底する。
- 外部・通気の良い場所で健康チェックシートを確認し、一般避難者と隔離避難者を分ける。
- 発熱者・体調不良者、濃厚接触者は、隔離班がレッドゾーンを経て隔離室に誘導する。
- 災害対策本部、医療関係機関に発熱

図14　簡易避難者カード

<table>
<tr><td colspan="5">簡易避難者カード
（以下に記入して提出願います・1家族1枚）</td></tr>
<tr><td>項目</td><td colspan="4">年　月　日　時　分現在</td></tr>
<tr><td>所属自治会</td><td colspan="4"></td></tr>
<tr><td>住所・電話</td><td colspan="4"></td></tr>
<tr><td>代表者氏名</td><td colspan="4">（　　歳）</td></tr>
<tr><td rowspan="2">家族名
（計　　名）</td><td></td><td></td><td></td><td></td></tr>
<tr><td></td><td></td><td></td><td></td></tr>
<tr><td colspan="5">65歳以上、1歳以下、障害者、要介護者、妊婦に該当する方のお名前と年齢を記入して下さい。（記入例／花子「80歳・要介護」）</td></tr>
<tr><td colspan="5">自宅の状況／危険な状態・損壊し住めない・一部損壊・住めるが心配</td></tr>
<tr><td colspan="5">避難所運営の役割分担を希望する方は〇印（　　　）</td></tr>
<tr><td colspan="5">安否確認の問い合わせがあったとき、この情報を使用することに
同意する　・　同意しない　（どちらかに〇してください）</td></tr>
</table>

※私たちは避難所のルールに従い、他の人の迷惑にならないようにします。

作成：筆者

者等の情報を伝達し、指示を仰ぐ。
・介護が必要な人や、障害者、高齢者等の災害時要配慮者は福祉避難所に移送する。
・福祉避難所に移送するまで、配慮が必要な避難者は「要配慮者エリア」に誘導する。
・健康チェックシートは、個人情報になるので、扱いは代表など少数に限り慎重に管理する。
・健康チェックと消毒が済んだ避難者は、屋外や避難所内に自治会単位で集まる。
・地域ごとに緊急事態の有無（出火、逃げ遅れ、死傷者等）を報告。
・緊急対応を要する緊急事態が発生している場合は、メモして災害対策本部等に通報する。
・自治会ごとに「簡易避難者カード」を配布し、記載してもらう。
・避難者は「簡易避難者カード（世帯主の名前、家族の男女別人数）」に記入する。
・自治会ごとに簡易避難者カードを集め、代表が集計しまとめて本部へ提出する。
・避難者情報等は、個人情報になるので、扱いは代表など少数に限り慎重に管理する。
・自治会単位でその時点での人数を集計し、代表がメモと一緒に本部に報告する。
・その後、自治会ごとのスペースに集まり、世帯別の占有スペースを割り振る。
・自治会ごとに、運営要員を募り代表が本部へ申告し、避難所運営に協力してもらう。
・駐車場等の車中泊者にも「簡易避難者カード」（車中泊と記載）を提出してもらう。
・自宅療養者等在宅避難の家族にも「簡易避難者カード」（在宅と記載）を提出してもらう。

・後日、落ち着いたら「正式避難者カード」に記載し提出する。
・運営本部は概算人数を集計し、災害対策本部に報告する。
・運営本部は、避難者カードに基づき避難者名簿に記載する。
・避難者カードは自治会単位で回収し代表者が保管する。
・退所者・移動者には必ず申告してもらい、退所・移動したことをカードと名簿に記載する。
・退所・移動後に安否確認や郵便物の送付があった場合、名簿に基づき対応する。
・運営本部は個人情報の管理・取扱者を定め、慎重に対応する。
・運営本部は運営支援の避難者を含め、運営委員で避難所運営委員会を開催。
・運営委員に役割分担の班分けを行う。
・余震などに注意しつつ、助け合い、協力し合って避難所の運営を推進する。
・トイレ清掃、ごみ処理、物資の配布、警備などは、同じ人でなく、公平に交代制シフトを組む。

9　避難所のトイレ

発災時に緊急避難してくる人は、自宅で用を済ませてくる余裕がない場合が多く、高齢者などは避難所に着いた途端、受付を行う前に尿意を催す人もいる。もし、断水しておらず施設内のトイレが使用可能であれば、手指消毒を済ませマスク着用でそちらを優先して利用してもらう。その場合、出入り口との最短導線を表示し、そのまま、居住スペースに入らないように担当者を配置し、用を済ませたら、検温など受付手続きをするよう呼び掛ける。感染拡大防止のために、手分けして事前にトイレのドアノブなどを消毒し、以後1時間おきに消毒する。トイレットペーパーを確認・補充する。トイレの出入り口に手指消毒機材をセットする。施設内のトイレが使用できたとしても、仮設トイレを組み立てて、できるだけ早く設置することが望ましい。仮設トイレの周囲が暗くならないように、発電機・照明セットを設置する。仮設トイレの近くに手指消毒セットを置く。仮設トイレは男性用、女性用、男女共用に分け表示する。女性用の設置数は男性用の約3倍が目安。トイレ担当や施設担当の運営委員は施設管理者と連携し対応する。

⑩ トイレ確認・維持管理

・トイレのある施設の安全確認（事前に安全チェック表を作成しておく）。
・断水・停電などの確認。
・施設内のトイレが使用可能か（便器・下水管が損傷していないか）の確認。
・トイレットペーパーの有無確認・定期補充。
・手洗い用の水が確保できない場合は消毒液を用意する。

・水が流れるかの確認。
・断水の場合、プールや川の水は利用できるかの確認。
・断水している場合、バケツで水を流しても詰まる可能性があるので使用したペーパーは流さずごみ箱（段ボール箱でも可）やごみ袋に捨ててもらう。臭いを防ぐために必ずふたをする。用を済ませた元気な人は、プールや川の水を運ぶ協力をしてもらう。
・トイレ周辺の照明の確認。停電であれば発電機・三脚・照明セットを設置する。
・トイレは男性用と女性用に分け、男性用と女性用の比率は1対3の割合。
・トイレは原則男女別にするが、ＬＧＢＴ（性同一性障害者など）の人にも配慮し、男女共用トイレも用意する。
・女性用トイレ、共用トイレには、生理用品処理ボックスを設置する。
・余裕があれば、障害者・高齢者用トイレを定める。
・トイレ周辺の安全を確保するために、防犯要員を配備する。
・トイレ使用ルール・感染防止ルールを掲出する。
・施設内のトイレが使用できる場合は、そちらを優先して使用する。
・施設内トイレとあわせ、仮設（簡易）トイレを組み立て設置する。
・仮設トイレ周辺にも発電機・照明セット・消毒セットを設置する。

・発電機の燃料を確認・確保。
・発電機がない場合は、夜間用に懐中電灯やランタンを配置する。
・仮設トイレ使用法を大きな文字で掲出する。
・トイレの出入り口など、不特定多数が接触する箇所は定期的に消毒する。
・トイレットペーパーの補充や、ごみ箱の整理など約1時間おきに点検整備する（図15）。

図15　トイレ使用時の注意事項（例）

トイレ使用時の注意事項（♥）

○このトイレは、断水及び下水管等の破損により、排泄物を流すことはできません。
○トイレットペーパーを使用した場合は、詰まる可能性があるので、便器に流さず、備え付けのごみ箱に捨ててください。ごみ箱のふたを閉めてください。
○トイレを使用したら、ポリバケツの水（流し用）を使用し、流してください。
○ポリバケツの水は手洗いや飲み水には使用しないでください。手洗いは、手洗い場に備え付けの水を、飲み水はペットボトルの水を使用して下さい。
○この町のみんなが使用するトイレです。清潔な使用を心がけましょう。
○水汲みやトイレ掃除は、避難者全員で当番制で行います。自治会ごとに当番を振り分けますので、当番表を確認して協力して行いましょう。
水がなくなりそうな場合は、当番にかかわらず、気付いた人達が協力して水汲みを行いましょう。
○私たちは今、厳しい試練に直面しています。こういう時だからこそ、皆でいたわり合い、助け合って、逆境を乗り越えていきましょう。がんばれ！みんな！

作成：筆者

11 避難所の換気

感染症の有無にかかわらず、人が集まる場所の換気は重要である。ましてや感染症流行時に多数の避難者が避難する避難所の換気に配慮する必要がある。学校の教室などの環境については、学校保健法第3条で「学校においては、換気、採光、照明及び保温を適切に行い、清潔を保つ等環境衛生の維持に努め、必要に応じてその改善を図らなければならない」と規定されている。その判定基準を抜粋すると、以下の表のとおりである。

避難所に指定されることの多い体育館の場合、避難所として使用する場合の換気については特に定められていないが、建築基準法施行令第20条の5第1項第3号に次のような規定がある。

換気の判定基準（学校保健法第３条）

温度	冬期では10℃以上、夏期では30℃以下であることが望ましい。また、最も望ましい温度は、冬期では18～20℃、夏期では25～28℃。
相対湿度	30～80%であることが望ましい。
二酸化炭素	換気の基準として、室内は1500ppm以下であることが望ましい。
気流	人工換気の場合は、0.5m/秒以下であることが望ましい。
一酸化炭素	10ppm以下であることが望ましい。
浮遊粉じん	0.10mg/㎥以下であることが望ましい。
落下細菌	1教室平均10コロニー以下であることが望ましい。
熱輻射	黒球温度と乾球温度の差は5℃未満であることが望ましい。
換気	換気回数は、40人在室、容積180㎥の教室の場合、幼稚園・小学校においては、2.2回/時以上、中学校においては、3.2回/時以上、高等学校においては、4.4回/時以上を基準とする。

第3種ホルムアルデヒド発散建築材料の使用量を床面積の2倍以下に抑えた場合、体育館の必要換気回数は0・3回／時以上0・5回／時未満となっている。ただし、天井の高さに応じ必要回数の緩和ができる。例えば天井の高さが3・5m以上で6・9m未満では、0・2回／時、6・9m以上で13・8m未満では0・1回／時、13・8m以上だと0・05回／時となっている。

機械換気設備の方式としては第1種～第3種まであるが、一部を除きいずれも給気口は冬季の侵入冷気の影響を抑えるため、床から3m程度の高さを目安に設置されることが多い。また、排気扇またはダクトの吸い込み口は建物の上部に設けることによって煙突効果（暖かい屋内空気が上昇する効果）により対流を促し、効率よく24時間換気ができるようになっている。こうした機械換気の基準は主にホルムアルデヒド被害防止を目的としていて、感染症蔓延時に避難所として使用する場合の換気までは考えられていない。夏季であれば熱中症対策を含め通気性をよくするため、開口部付近に大型扇風機を設置し換気効率を高めることができる。

また、労働衛生安全法では、一般事務所内の換気について「外気に向って直接開放することのできる開口部分の面積を床面積の20分の1以上とするかあるいは換気設備を設けること、その部屋における一酸化炭素（CO）の濃度を50ppm以下に、炭酸ガス（CO^2）の濃度を5000ppm以下とする」とされている（感染症対策は考慮されていない）。

しかし、停電になれば、機械換気設備も扇風機も使用できず、自然換気に頼ることになる。夏季であれば、出入り口や窓などの開口部を開放することで、一定の換気効果は期待できるが、開口部面積、吸排気面積、気密性、風速・風向などにより、換気量が大きく左右される。体育館の窓は掃き出し窓が床付近にあるところもあるが、出入り口を除き一般的には床から3m付近に開口部が設置されていて、機械換気を前提にした換気設計となっているところが多い。また、寒冷地であれば冬季に開口部を開放し十分な自然換気を期待することは困難であるが、手動で定期的（1時間に1回5分間）に向かい合っている窓などの開口部を同時に開放するルールを作る必要がある。市区町村は、感染症×大規模災害の複合災害を想定し、事前に空調設備の技術者と相談し避難場所（体育館など）の換気についての換気量について確認しておく必要がある。

特に、民間施設を指定緊急避難場所、指定避難所に指定した場合、体育館ほどの天井の高さはなく、停電で機械換気に支障が出た場合に自然換気で避難者の健康を保持できるかの確認が重要となる。多数の避難者を収容し換気環境が悪化すれば、感染拡大に直結する可能性がある。民間施設の避難所指定は、換気環境も必要要件に加えるべきである。

⑫ 物資の配布

避難所に防災倉庫が設置されていれば、倉庫を開き避難所内の所定の場所に移送して数量確認を行い物資管理帳と照合・確認する。飲料水や食料は念のため賞味期限・消費期限を確認する。防災倉庫がない場合は、必要な物資の「物資配送依頼票」を災害対策本部にファックス・電話などで依頼する。停電や回線支障でファックスが使えない場合は、携帯電話で依頼する。携帯電話が通じない場合は、自転車などで伝令を飛ばす。

物資の配布は、早い者勝ちではなく、本当に必要な人から配布することが大切である。もし、不足する物資があれば災害時要配慮者に優先的に配布する。物資配布時の配布ルールを定め、あらかじめ作成・掲出しておくといい。基本的には簡易避難カードの提出を済ませた高齢者、障害者、乳幼児、妊産婦などの災害時要配慮者から配布することが望ましい。後は、感染拡大や混乱を防ぐため、通路の一番奥のスペースから等工夫する必要がある。対面でなく、所定の位置の置き場に物資を積み、地域名、自治会名を読み上げ取りに来てもらう。立ち会う人もマスク、フェイスシールドを装着する。物資を持ってすれ違わないで済むように、通路を一方通行にしたり導線を工夫する。人数を確認し自治会単位などブロック別に配布する。混雑を避けるために、奥のグループから等配布順を決め代表者数名で受領するように呼び掛ける。人数確認は物資管理帳と照合し、必要数量を配布する。間仕切りや、床に敷くマットや段ボールなど、占有スペースを確定するための資器材、特に夜間などの場合は、できるだけ早く毛布などの寝具を配布することが重要である。そして、飲料水や食料と状況に合わせて優先順位を決めて配布する。高齢者や乳幼児用の粉ミルクや液体ミルク、アレルギーなどの有無と数量を自治会単位で確認し配布する。

【物品配布・受領時の留意事項掲出例】

・避難所は室内でも、原則マスクを着用してください（食事中等は除く）。
・物資を配布する人は、フェイスシールド、マスクを着用します。
・物資を受領、分配する人は、マスク着用の上、手指消毒し、距離を空けて渡してください。
・物資を受領する人は、前の人と2m以上間隔を開けて並んでください。
・案内後、物資渡し場所で食料・物資班に自治会名と数量を申告し受領してください。
・物資は公平に配布したいと思いますが、数量がそろわず、物品が異なる場合があります。
・数量が不足する物資などは、子ども、妊婦、高齢者、障害者、大人の順に配布します。
・女性用の下着や生理用品は、女性の食料・物資班が配布します。
・配布物資は、原則自治会代表者にまとめてお渡ししますので、公平に分配してください。
・物資等は毎日原則□□時頃、場所は△△で、食料・物資班が配布します。
・配布する物資などの内容や数量は、その都度掲示板に張り出し伝達します。
・食物アレルギーや宗教上の規制がある方は、事前に自治会に連絡し報告してください。

・避難者の増減がある場合は、前日までに本部に連絡してください。
・独自に必要な物資は、自治会を通じ食料・物資班に連絡してください。
・食事をする前に、必ず石鹸でよく手を洗ってください（断水時は消毒）。
・食料は期限内に消費する等、健康・衛生を考慮して自分で管理してください。
・ごみは、自治会ごとにごみ袋に集め、所定のごみ集積場に置いてください。

13 食事配布時の留意事項

・配布者は手指消毒しフェイスシールド、マスク、手袋を装着。
・食品は床から30㎝以上の高さの台の上で保管する。
・食品の置き場所、渡し場所は間仕切りなどで区切って、他の人の飛沫がかからないようにする。
・食事を取りに来る人は、事前に手指消毒し、マスク着用で取りに来てもらう。
・並ぶ人には距離を保つよう注意する。
・混みあったりしないように通路は一方通行で行う。
・できるだけ一人ずつ小分けして渡す。
・食器等はできるだけ使い捨てのものを使用する。

・作業台や配布用の入れ物などはアルコールで消毒する。
・できるだけ直接手渡しではなく、台の上に並べ順番に取ってもらう。
・食べ終わったごみ類は、分別してごみ箱に入れてもらう。

3 避難者のマナー

自宅の安全が確認できたら、在宅避難が原則。そして分散避難も検討する。しかし、避難勧告、避難指示が発令され、危険が切迫していると判断したら、ためらわずに直ちに避難所へ避難すべきである。指定緊急避難場所・指定避難所のように自治体が指定し運営する避難所のほかに、地域住民が運営管理する自治会館などもあるのでハザードマップであらかじめ確認してから避難する。危険が迫っている場合は、指定された避難所でなくても最寄りの避難場所に避難する。避難する時は、持参するものや事前に確認するものはないかチェックする。避難時に持ち出すものが非常持ち出し袋の中身と重なるものは省き、持てる範囲で持って行く。いずれにしても事前の準備・確認が必要。また、避難所では避難者にもマナーが求められる（危機が迫っていたら「持ち出すモノは命だけ」と思って直ちに避難）。

(1) 避難所における避難者のマナー

・食事・服薬・洗顔・歯磨き・化粧・洗髪・入浴など以外、マスクは室内でも常に着用する。
・定期的に検温し発熱や体調不良を自覚したら、すぐに役員に申し出る。
・飛沫が飛ぶおそれがあるので、大声で叫んだり、歌ったりしない。
・並んだり、移動したりする際も、社会的距離（1・8m以上）を保つ。
・ペットは避難所内に入れず、指示に従い指定されたケージ等に入れる。
・避難所の運営ルールに従い、受付をし、運営委員の指示に従う。
・元気な人は、所属自治会や運営本部に運営に協力することを申し出る。
・できる人が、できることを、できる時に、役割分担をする。
・避難所運営の役割分担や作業内容は、役員などの指示に従う。
・出入りする時は、常に手指消毒、靴底消毒をする。
・脱いだ靴は、持参したビニール袋に入れて手元に置く。
・避難所内でも、家族以外の人と対面を控え、社会的距離を保つ。
・定められた居住スペースで静かに過ごす。
・居住スペースでは、隣接する人に近寄らず、向き合わない位置に座る。

・ラジオなどは音が漏れないように注意しイヤホンで聞く。
・アルコール類、危険物、火気、危険物等は持ち込まない。
・トイレは重要な共有施設、汚してしまったら自分で清掃する。
・トイレは混雑時間を避け、早め早めに用を済ませるようにする。
・トイレに入る時と出た時に、手指消毒を行う。
・水道が使えれば、こまめに石鹸で手洗い、うがいをする。
・できるだけ窓や出入り口を開放し、換気に努める。
・多くの人が使うドアノブなどは、定期的に消毒する。
・避難所の生活ルールを遵守し、マナーを守って生活する。
・共同生活の和を守り、お互いが譲り合いの心をもって過ごす。
・互いのプライバシーを尊重し、他の人の空間に立ち入らないようにする。
・人のうわさ話や、誹謗中傷などは決してしない。
・室内は火気厳禁・禁煙。
・ごみは分別収集を徹底し、ごみ集積場は清潔に保つ。
・マスクなどウイルスが付着した可能性のあるものは専用のごみ箱に捨て、ふたをする。
・救援物資の配給が始まったら、秩序ある配分を心がけ、要配慮者を優先する。

・避難場所から別の場所に移動する時は必ず運営本部に声をかけて移動する。
・携帯電話などは外部か、定められた場所で通話する。
・避難所内のコンセントや器物を使用する時は、運営委員に確認する。
・命が助かったことに感謝し、希望を失わず、常に明るい気持ちで暮らす。
・同じ被災者同士、励まし合い、助け合い、譲り合って逆境を乗り越える。

(2) 避難する前に確認すること

□ 切迫している場合を除き、自宅で検温してから行く。
□ 発熱・体調不良の場合は避難所に行かず、保健所などに連絡し指示を仰ぐ。
□ 身体障害者、高齢者・妊産婦等の災害時要配慮者は福祉避難所へ行く。
□ 避難所だけでなく、親戚・知人・車中避難などの避難も検討し判断する。
□ 体温計を持って行く。
□ マスクをしていく。
□ 予備のマスクを持って行く。
□ 持病の薬を持って行く。
□ 石鹸・タオル・歯磨きセットを持って行く。
□ 筆記用具を持って行く。
□ 緊急連絡先コピーを持って行く。
□ 保険証・お薬手帳・かかりつけ医の診察券を持って行く。・紙コップを持って行く。
□ 消毒薬や除菌ティッシュを持って行く。
□ ゴミ袋を持って行く。
□ 三角巾・救急セットを持って行く。

□　靴を入れるビニール袋を持って行く。
□　予備の下着。着替えを持って行く。
□　スマホ・携帯充電器を持って行く。
□　懐中電灯を持って行く。
□　雨具を持って行く。
□　予備の電池を持って行く。
□　レジャーシートを持って行く。
□　命の笛を持って行く。
□　帽子・厚手の靴下を持って行く。
□　大中小のビニール袋・ジッパー付き袋を持って行く。
□　スリッパを持って行く。
□　少しの現金（小銭を含む）を持って行く。
□　貴重品を入れたウエストポーチを持って行く。
□　1日分程度の水・食料を持って行く。
□　避難する時は、火の元・ガスの元栓を戸締りしてから行く。
□　避難する時は、電気のブレーカーを落としていく。
□　避難する時は、隣近所に声をかける。必要なら一緒に避難する。
□　ペットと同行避難する時は、避難所にペット受け入れ態勢の有無を確認する。
□　ペットと同行避難する時は、狂犬病等の予防注射済証などを持って行く。
□　ペットと同行避難する時は、ペット用のエサ等も持って行く。
□　ペットと同行避難する時は、必ずリードを付けていく。

作成：筆者

防災ひと口メモ

笑顔の避難所の秘密

2016年4月、熊本地震の現場に入った。夜まで現地を回って市内のビジネスホテルで寝ていた。夜中の1時25分、震度6強の揺れに襲われる。被害の多かった益城町では、昨日まで無傷だった家が多数倒壊していて、死者は50人に上った。その後も余震が続く中、調査を続けた。多数の避難所が損壊し、立ち入り禁止となっていた。そのため、少ない避難所はどこも満員で、最初は横になるスペースもなく、避難者たちは厳しい表情をしていた。

益城町に隣接し震源に近く震度7を記録した西原村（人口7,070人）の河原地区に行った。避難所の河原小学校には約700人が避難していた。そこで驚いたのは、迎えてくれた避難所運営の役員さんたちの笑顔だった。災害直後に笑顔のある避難所は初めだった。話を聞くと、普段からの訓練が活きて、直後に安否確認を徹底、家屋の下敷きになっている人はみなで救助、犠牲者ゼロだった。そして、道路損壊で3日間孤立状態になったが、みんなが玄米、精米機、発電機、冷凍食品などを持ち寄って当日から700人分の炊き出しを休まず続けた。そして、教師、元看護師、社会福祉士、電気工事士、水道技術者などが、スキルを活かし、避難所を快適に支えていたのである。それを可能にしたのが、「世帯リスト」（任意）だった。リストには介護情報、所有資格等、必要機材の有無などが書かれていた。リストの活用で役割分担もスムーズ。その結果、快適避難所となり、それが笑顔の避難所の秘密だった。

第6章

避難行動の選択と在宅避難

1 立ち退き避難と屋内安全確保

避難には避難場所などに避難する「立ち退き避難」と、2階などの安全な室内で待機する「屋内安全確保」がある。それを「水平避難」と「垂直避難」とも言う。あわせて、市町村長が発令する避難勧告と避難指示についての法的根拠も、災対法第60条にある。

○災対法第60条

災害が発生し、又は発生のおそれがある場合において、人の生命又は身体を災害から保護し、その他災害の拡大を防止するため特に必要があると認めるときは、市町村長は、必要と認める地域の居住者等に対し、避難のための立退きを勧告し、及び急を要すると認めるときは、これらの者に対し、避難のための立退きを指示することができる。

2　前項の規定により避難のための立退きを勧告し、又は指示する場合において、必要があると認めるときは、市町村長は、その立退き先として指定緊急避難場所その他の避難場所を指示することができる。

3　災害が発生し、又はまさに発生しようとしている場合において、避難のための立退きを行うことによりかえつて人の生命又は身体に危険が及ぶおそれがあると認めるときは、市町村長は、必要と認める地域の居住者等に対し、屋内での待避その他の屋内における避難のための安全確保に関する措置（以下「屋内での待避等の安全確保措置」という。）を指示することができる（以下略）（図16）。

避難のための立ち退きの指示等については、災対法のほかに、水防法第29条に規定する都道府県知事、あるいはその命を受けた都道府県の職員または水防管理者が洪水、津波または高潮のはん濫により著しい危険が切迫していると認める時に行う「立ち退きの指示」がある。また、地すべり等防止法第25条に規定する都道府県知事またはその命を受けた職員が地すべりにより著しい危険が切迫していると認める時に行う「立ち退きの指示」、さらには警察官職務執行法第4条第1項に規定する警察官が天災等の場合で特に急を要する場合において行う「避難措置」等がある。

しかし、これらの水防法及び地すべり等防止法の場

図16　立ち退き避難（水平避難）と屋内安全確保（垂直避難）

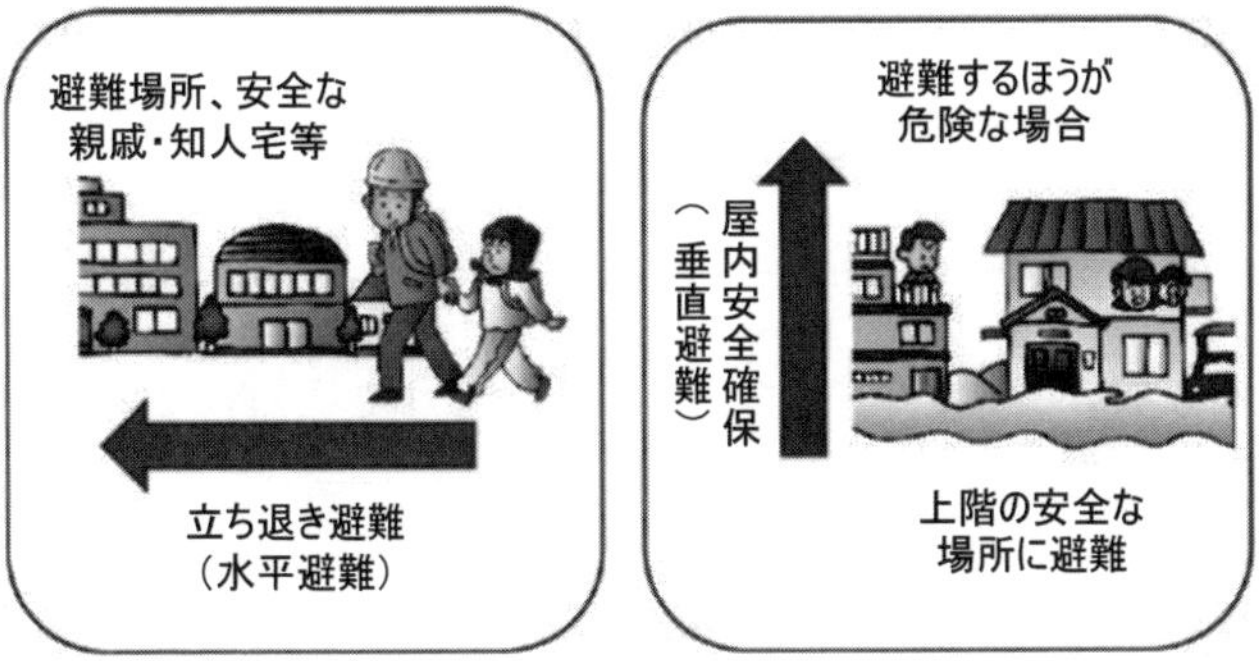

出典：防災システム研究所

合、第一に洪水、津波、高潮及び地すべりによる災害に限定されており、山崩れ、がけ崩れ、火山噴火、地震、なだれ、大規模な火事、爆発等による災害については指示することができないこと、指示権者が都道府県知事、水防管理者、警察官等となっており、以前の災対法では市町村長にその権限がなかった。また、事前避難のための立ち退きの勧告についても規定がなかったので、2013年6月の災対法改正で、前述の第60条で明確に示すことになった。

その結果、それまでは避難情報の発令は、主に避難所に避難することを指していたが、冠水時や夜間などに避難するほうがかえって危険と判断される場合は、自宅などの安全な場所に留まり屋内で待機するようにと、改正災対法で「立ち退き避難」と「屋内安全確保」という概念を明確にしたものである。災対法改正当時、感染症との複合災害までは考慮されていなかったが、今であれば、この法文を避難所に避難するだけでなく、在宅避難や親戚・知人宅などを選択する分散避難と読み替えて行動すれば、避難所の負荷を減らす効果が期待できる。

特に、洪水や土砂災害の危険が切迫している時は、道路の冠水など避難経路の危険度が増している可能性が高いので、避難勧告・避難指示イコール避難場所へ避難という固定観念に縛られず、命を守る現実的な分散避難行動が必要となる。

防災ひと口メモ

もし、孫が来ていなかったら……

2019年10月東日本台風（19号）の千曲川決壊直後に現地に行った。決壊箇所から200mほど離れた長野市長沼支所と道路を隔てた所に呆然と立ち尽くす男性がいた。付近はまだ濁った水が溜まっていた。その男性Sさん（79歳）は、基礎コンクリートの上に立って「ここに自宅があったのです」と言う。10月13日（日）は祭礼だったので、娘さん夫婦が孫を連れて前日から泊りがけで帰省していた。12日(土)午後6時ごろ、娘さんのスマホに避難勧告の防災メールが届いた。念のためみんな2階で寝ることにした。午後11時40分、今度は避難指示のメール。「避難指示だから避難しようよと娘が言ったけど、2階にいれば大丈夫だと答えると、娘は○○ちゃんもいるのでお願いだからと言う。それではと、車で親せき宅へ避難した」。その約3時間後千曲川が決壊し、自宅が流されたことをあとで知る。「もし、孫が来ていなかったら、私たち夫婦は家ごと流されていた」そして、「テレビで『夜間の避難は危険だから2階に避難して下さい』と気象予報士が言っていたが、大きな川のそばに家があったら、一刻も早く、離れた高台の避難場所に避難したほうがいい」とSさんは言う。そのとおりだと思う。長野市の洪水ハザードマップで、Sさんの家を見ると想定浸水深さ10～20m、そして「家屋倒壊等氾濫想定区域（氾濫流）」に指定されていた。事前にハザードマップで自宅が危険ゾーンになっているかを確認しておく必要がある。

2 ストリートミーティング

災害リスクは地区ごとに異なるが、さらに突き詰めていくと危険とされる地域でも家ごとにリスク度は変わる。土砂災害警戒区域内や洪水想定区域の中の家屋倒壊等氾濫想定区域であれば、対象区域全体のリスクは極めて高い。しかし、避難勧告や避難指示が発令された地域でも、浸水のおそれのないマンションの上階や、同じ地域でも高台にあって洪水の危険性のない家もある。つまり、地区ごとというより、家ごとにリスク差があるのが実情である。とは言っても避難情報を家ごとに出すことはできないので、大字などの区域ごとに発令することになる。しかし、住民は自分の家がどの程度危険で、避難情報が発令された時、避難所へ「立ち退き避難」すべきか、それとも自宅の2階の斜面から離れた部屋で「屋内安全確保」で待機すべきかと判断に迷うことになる。そこで私が提唱するのが「ストリートミーティング」である。

それは2009年にオーストラリアの大規模森林火災の現地調査に行って学んだことである。オーストラリア南東部にあるヴィクトリア州は、前年から極度の干ばつと高気温(45℃)に悩まされていた。そして2月から発生した大規模森林火災は、死者200人以上、焼失面積約40万ha（東京都の約2倍）、焼失住宅約1000棟、避難住民約7500人というオーストラリア山火事史上最悪の森林火災災害となり、ブラックサタデーと呼ばれるようになる。

現地は100年に1度と言われる記録的な干ばつ、熱波（40～46・5℃）、異常乾燥（湿度5％）、加えて強風などの悪条件が重なったことが被害を大きくした。その上、約4か月前からまとまった雨が降っておらず、病虫害を招いていて、枯木、倒木、降り積もった油を含む乾燥したユーカリ樹皮、病葉《わくらば》など森林はどこも可燃物貯蔵所となっていた。これらにいったん火がつくと高温（推定400～1400℃）となり、たちまち激しく大規模な上昇気流が生まれる。そこへまた新しい空気層が流れ込む対流により火災旋風が巻き起こり、飛び火し延焼拡大していったものと推定されていた。ユーカリの葉の芯は硬く、いったん火がつくと中々消えず「火種を保持したまま空中高く吹き上げられ、風に乗って数km も離れた場所へ次々に火の玉（ファイアーボール）、火の粉（スポットファイアー）となって落下していった」と関係者は言う。熱波で乾燥した森林に落下したスポットファイヤーは、一気に炎上し猛スピードで広がっていったという。車で避難した人たちは猛烈な勢いで迫る猛火に逃げ道を失い、車ごと犠牲になった人も多かった。

もし、日本で200人以上もの犠牲者を出す災害が発生すれば、遺族やメディアから行政対応などへの批判が高まるのが普通である。しかし、驚いたことに遺族もメディアからもそうした批判めいた話がほとんど聞かれなかった。というよりそれぞれが口にしたのは「自己責任」というフレーズだった。つまり、自分や家族の命は自分で守るということであり、災害発生時は自分でしか守れないという意味でもある。そして、行政対応などへの批判がないのは、地元の自治体や防災関係者がいくつかのチームを組み「知らせる努力」をしていたからであり、それがストリートミーティングである。

赤道をはさんで地球の反対側にあるオーストラリアの季節は日本とは真逆で、12月〜2月が夏季となる。この季節、ヴィクトリア州は山火事シーズンに入る。熱波、干ばつの中、落雷などによる自然発火またはたき火の不始末、放火など各地で山火事が多発。こうした山火事シーズン前の10月〜1月にかけて各地でストリートミーティングが開かれる。地域の防災担当職員、消防職員、警察職員、フォレストレンジャーなどがいくつかのチームで山火事の危険区域に連日出かける。家の外に出て

2009年オーストラリア大規模森林火災

撮影：筆者

きた住民たちに「この立木は延焼のおそれがあるから切ってください」「お宅の家の後ろ側のここからここまで防火帯を作ってください」「このシーズンの強い風はこの方面に向かって吹くので、火が出たらこの道路で避難してください」などと、家ごとのリスクと命を守る方法をきめ細かく伝える。「自分の家のリスクとなると、みんな真剣に聞く」と担当者は言う。ハザードマップを配布しただけでは、自分の家の危険度は認識できない。日本でも、家ごとに異なるリスクを住民にきちんと認知してもらう努力が必要である。平成12年5月に公布された土砂災害防止法のキャッチフレーズは「行政の知らせる努力、住民の知る努力で土砂災害から住民の身体生命を守る」であった。

3 避難所の負荷を減らす「ニューノーマル防災」

今回、コロナ禍という多大な代償を払って学習したのは、テレワークの有用性、感染機会の最小化を図る3密防止、面談・人混みのマスク着用という生活様式。これからも第2波、3波が懸念されるだけでなく、未来永劫、感染症と人類の戦いは続くので継続される。今後は感染症×大規模災害＝複合災害を特異事例とせず、新しい生活様式・ニューノーマル（新常態）と受け止め、それを通常対処とすることが極めて重要である。そして、ピンチをチャンスに変えるために、従来あまり手が付けられてこなかった「避難所における良好な生活環境の確保」のための避難所の環境改善を断行すべきである。併せてニューノーマル防災の一環として、公助に依存し過ぎない住民の自律的防災リテラシーの確立と避難所の負荷を減らすために、住民の防災行動マナーの向上を図るための研修会を繰り返し開催することが極めて重要となる。

2020年4月7日（緊急事態宣言当日）に、内閣府が出した「避難所における新型コロナウイルス感染症への更なる対応について」の通知では、

- 可能な限り多くの避難所の開設
- 親戚や友人の家等への避難の検討
- 自宅療養者等の避難の検討
- 避難者の健康状態の確認

が主な項目であった。「可能な限り多くの避難所の開設」は、各自治体ですでに取り組んでいることと思うが、避難所を増やすことは焦眉の急である。感染症が流行していなかった2019年東日本台風（19号）の時、多くの避難所が満員になってしまった。それを見ると、自治体の避難者数の想定が甘かったのかもしれない。つまり、単独の台風による

洪水懸念で避難所が不足するということは、大規模地震発生時はさらに不足することになる。その上感染症対策である。3密防止、社会的距離（1人当たりの占有面積4㎡）の確保をして、避難者の居住スペースを割り振れば、従来想定していた避難所の収容人数の半数以下しか収容できない。残り半分の不足分を他の公共施設や民間施設を避難所に指定して補うことになる。住民に分散避難を呼び掛けたとしても災害によっては、避難所以外を選択することが困難な場合もある。例えば、地震や風水害に際し、極力車の避難を控え徒歩で避難するように指導してきた。それを、分散避難だからといって、公共交通機関が停まった中で、徒歩で安全な親戚・知人宅に避難することは難しい。一時的にせよ、想定を超える人たちが避難所を目指してやってくる。

感染症が怖いからと、避難すべき人まで避難をためらって逃げ遅れたら本末転倒である。すでに民間事業所等と新協定を締結している自治体も多いが、その新指定避難所の支援職員選任、鍵管理、運営委員会結成、感染防止用資機材を含め備蓄品等の整備なども併せて実施することになる。しかし、避難所倍増は一朝一夕にできるものでもない。そこで、避難所の増設や環境整備と並行し、在宅避難や分散避難の選択肢があることを住民に伝え、住民の防災リテラシー向上に、自治体はコストとエネルギーを傾注すべきである。

それが避難所の負荷を減らすための近道である。避難所の負荷を減らすということは、指定避難所への避難者を減らすことである。その時の災害の種別、発生状況によって異なるが、避難行動はすべて一律ではない。前述した内閣府の通知に欠落しているのは、私が提唱してきた「在宅避難」と「車中避難」というコンセプトである。従来都市部は車中避難をタブーとしてきた。それは適切なスペースが確保できないためと、道路損壊、交通渋滞などのおそれがあるためであった。この車中避難という考え方は必ずしも大規模駐車場が対象ではない。安全であれば、自宅や中小規模の駐車スペースも車中避難場所になり得る。避難所以外に分散避難を呼びかけても、都市部ほど近くの安全な親戚・知人宅を確保することは難しい。そういう中で、車中避難を厳禁とせず、選択肢の1つとして加えるべきである。

4 自宅の安全が確認できたら「原則は在宅避難」

災害イコール避難所へ。これまでの防災は「逃げる防災」が主体であった。何かあれば避難所に避難すればいいという安易な公助への過剰依存がかえって危険を招くことになる。東日本大震災や西日本豪雨などの大規模災害時、公共施設の損壊や自治体職員の被災がクローズアップされ、公助の限界が明らかになった。災害後の復旧・復興には行政が力を発揮するが、発災直後に行政が100％の対応はできないのが現実である。平成30年7月豪雨（西日本豪雨）で大きな被害を出した岡山県倉敷市真備町では、犠牲者51人のうち41人が自力避難困難者であった。つまり、8割が避難したくても避難できない避難行動要支援者名簿登載者であった。犠牲者の大半が2階建ての1階で水死している。身体的に支障があり2階に上がることができなかったと見られている。役所の職員、社協、民生委員などが安否確認、避難誘導をするはずだったとしても、道路の冠水や一帯の洪水に阻まれ、近づくことすらできなかったであろう。大規模災害では行政職員も被災者になる可能性もある。その時は隣人が頼りであるが、隣人も自分の身を守るので精一杯だったかもしれない。

これからの高齢社会は「逃げる防災から、逃げなくてもいい防災」も考えていく必要がある。安全な場所や安全な家に住む、安全な家にする防災である。特に、災害時避難行動要支援者は、大雨が降るたびに恐怖と不安に苛まれ、ストレスも蓄積されれば体調を崩しやすくなる。今後は、大雨が降っても怯えず逃げないで済むように、安全な場所、安全な家に住むことができる施策が必要である。危険な区域に住む自力避難困難者を助けに行くことができないのであれば、自治体は事前に安全区域に「災害予防住宅」を建設し、災害発生の前に危険区域から移転してもらうべきではないか。その方が、後からの救出・救助・捜索や応急仮設住宅を建てたり、生活再建支援をしたりするよりよほどコストとエネルギーは少ないはずである。それこそが本当のニューノーマル防災であり、それができれば日本は真の防災大国になれる。

そうすれば、避難所の負荷を減らすことができるのである。いざという時に、車中避難や親戚・知人宅避難を推奨するだけでは、「すべて国民は、個人として尊重される。生命、自由及び幸福追求に対する国民の権利については、公共の福祉に反しない限り、立法その他の国政の上で、最大の尊重を必要とする。」という憲法第13条と、あまりにも乖離している。

そして「在宅避難」である。感染症流行に限らず、発災直後は特に避難所環境は劣悪になる。断水、停電、配管損傷であれば施設内トイレは流せず、限られた仮設トイレに長蛇の列が並ぶ。換気設備も機能せず、手洗いもままならない。発災直後からすべての避難所に間仕切りや段ボールベッドが設置されるわけではない。そして、余震や連続で大地震が起きれば、一斉に非常口に殺到し密接、密集は避けられない。となれば、原則は在宅避難である。自宅の安全が確保できた元気な人は、自宅で暮らすことになる。電気、ガス、水道が停まっていても、避難所より自宅の方がずっとよく眠れる。特にマンションは震度6強程度であれば、よほどの欠陥がない限り倒壊して住めなくなる確率は低い。

また、集中豪雨や台風などによって、水害や土砂災害のおそれがある時、災害発生の危険度と住民が取るべき行動を示した5段階警戒レベルのレベル4「全員避難」が発表された地域でも、住民全員が避難せよと言っているわけではない。避難しなければならないのは、危険な区域の危険な住宅に住んでいる人が対象。指定された地域全員ではなく、危険な家に住む人の全員避難である。もちろん、河川の流域で家屋等が流失のおそれがある「家屋倒壊等氾濫想定区域」にある木造住宅や、崖崩れなどの土砂災害の危険がある「土砂災害警戒区域」内にある住宅は、直ちに避難しなければならない。また、津波浸水想定区域や高潮浸水想定区域に指定されている地域に住んでいたら、該当する避難情報や警報が発表されたら直ちに避難しなければならない。しかし、そうした危険のない家に住んでいて、建物の安全が確認でき、居住可能であれば避難所に避難するのではなく、自宅での在宅避難を選択すべきである。慣れ親しんだ自宅で生活するほうがストレスも少ないし、感染の危険性も低い。ただし、電気、ガス、水道が停まった中で暮らすには、平時から7日分の防災備蓄が不可欠である。

第7章

分散避難と車中避難

1 車中避難場所

災対法第86条の7に「災害応急対策責任者は、やむを得ない理由により避難所に滞在することができない被災者に対しても、必要な生活関連物資の配布、保健医療サービスの提供、情報の提供その他これらの者の生活環境の整備に必要な措置を講ずるよう努めなければならない」と規定されている。この「やむを得ない理由により避難所に滞在することができない被災者」に「車中避難者」も含まれることが国会で明らかにされている。

特に感染症×大規模災害の複合災害時は、感染を懸念した被災者の多くが車中避難者になると想定される。自宅の駐車場が安全でない場合は、トイレ設備のある大規模イベント施設の駐車場に車中避難者が集まってくる。大規模な駐車場設備が少ない都市部で

車中避難／熊本地震（2016年4月）

グランメッセ熊本（撮影：筆者）

も、郊外であれば確保できる可能性がある。

熊本地震（2016年）の時、現地で見たのは多数の車中避難者であった。グランメッセ熊本の広い駐車場を約2000台の車が埋め尽くしていた。そこは外部から入れるトイレが完備されていたためでもある。

車中避難の主な理由は「大きな余震が続いているので、家や避難所にいるのが怖い」「避難所がいっぱいだった」「ペットがいるから」「子供がいるから」などを挙げていた。

今後、複合災害時は「感染が怖いから」と車中避難を選択する人が多くなる可能性が極めて高い。

市区町村は、今のうちに民間施設を含む一定条件を満たす駐車場や広場などを「車中避難場所」に指定し、車中避難車用避難場所運営マニュアル（利用ルール含む）を策定しておくべきである。

(1) 車中避難場所の条件

車中避難場所の条件は、次頁の表のとおりである。

車中避難場所の指定後、周辺の自治会や自主防災組織などと連携し「車中避難訓練」を実施すべきである。そして、運営マニュアル・利用者ルールを確認しておくとよい。

車中避難場所の条件

・高圧ガス・危険物製造所または貯蔵所などの施設に隣接していないこと
・津波などの危険区域でないこと
・土砂災害や液状化などによる地盤災害の危険がないこと
・大雨・洪水による浸水想定区域でないこと
・常時施錠されていないこと、または発災時に解錠できること
・屋外にトイレ施設があること、または仮設トイレが設置できること
・道路に面し、車が出入りしやすい場所であること
・車と車の間隔が２m以上とれる空間があること
・エンジンをかけていても、排気ガスが充満しないこと
・車の音などにより影響を受ける施設が隣接していないこと
・発災時に施設貸与の協定が締結できること

車中避難場所運営ルールの要件

・車中避難場所開設の手順（解錠等）
・出入り車輛のタイヤ消毒設備の設置
・トイレ施設等の安全確認
・トイレ・施設出入り口における消毒マットの設置
・トイレ管理清掃基準
・入場、出場の誘導者
・車と車の駐車間距離を確保するスペース指定
・場内誘導、管理者
・受付への手指消毒セット設置
・利用者は車中避難場所利用申請書（ルール遵守誓約を含む）に記載・提出
・エコノミークラス症候群防止のため、時間を決めてラジオ体操等を行う
・隣接施設等に影響がある場合は、深夜はエンジンを切る
・車中避難者数等の把握
・車中避難者台帳に記帳
・利用者もトイレ清掃等役割分担・運営協力班に参加
・災害対策本部への連絡
・飲料水等、緊急物資の調達・確保・保管
・緊急物資の配布
・分別ごみ置き場の設置
・支援ボランティア等の受付
・応急救護所の設置
・夜間のみの利用者と長期利用者の場所取り対策

作成：筆者

(2) 車中避難場所運営ルールの要件

車中避難場所運営ルールの要件について、前頁の表にまとめているので参考にしてほしい。

2 避難所だけが避難先ではない

津波警報や避難指示などが発令され危険が迫っていると判断したら、ためらわずに直ちに避難すべきである。いったんは近くの安全な指定緊急避難場所に避難して、そのあと指定避難所に移動してもいい。前述したように、災対法改正により指定緊急避難場所（以下、「避難場所」）と指定避難所（以下、「避難所」）の定義が明確に区分されるようになった。市区町村によっては避難所などの名称が異なるが、災対法で規定する指定緊急避難場所は「災害が発生し、又は発生するおそれがある場合にその危険から逃れるための避難場所として、洪水や津波などの異常な現象の種類ごとに安全性等の一定の基準を満たす施設又は場所を市町村長が指定する」としている。一方の指定避難所は「災害の危険性があり、避難した住民等の危険性がなくなるまでに必要な間滞在させ、又は災害により家に戻れなくなった住民等を一時的に滞在させるための施設として市町村長が指定する」と区分している。

つまり一言で言えば、様々な災害の危険から逃れるための場所が、避難場所であり、自宅に戻れず危険性がなくなるまで住民を一時的に滞在させる施設が、避難所ということになる。津波、土砂災害、大規模火災などの危険から逃れるために、いったん避難場所に避難した後に、避難所だけでなく車中避難や親戚・知人宅避難など分散避難を選択すればいい。発災直後の避難所は一度に多数の住民が避難してくるため、すぐに満杯になる可能性もある。また、室内は極めて密集度が高く感染の危険性も高い。それに最初はトイレ設備も十分とは言えないのでかなり人間の尊厳が損なわれることになる。

報道によると、2016年の熊本地震で避難場所に避難した60代の男性の日記には「臭くて、暗くて、汚いトイレは1時間待ち、毛布1枚では痛くて寒くて眠れない。地獄のようだった」と書かれていた。その男性は3日目に高熱を発して病院に搬送され、急性肺炎と診断された。避難所は決してホテルではない。それに突発災害であれば、良好な環境を整えることはできない。また、災害直後は受け入れ側も混乱している可能性がある。

そこで、前述したように自宅の安全が確保できたら、自宅で暮らす「在宅避難」が原則。しかし、損壊して自宅に住めない場合や危険が迫っていて避難する場合も、避難所だけでなく親戚宅、知人宅、地域の自治会館、車中避難、テント泊、ビジネスホテルなど避難先の選択肢を家族構成にあわせて考えるべきである。特に感染症流行時は、避難所よりは感染の危険性が低い避難場所を検討すべき。また、高齢者、障害者、妊産婦、乳幼児、傷病人、基礎疾患など要配慮者の家族がいたら、福祉避難所をお勧めする。ただし、過去発生した大規模災害時には、福祉避難所がすぐに満員になってしまったこともあるので、事前に複数の福祉避難所を確認しておかなければならない。

このように感染機会の最小化を図るために分散避難をする場合は、事前の準備が不可欠である。地域の自治会館は避難可能なのか。車中避難であれば、毛布、水・食料、携帯トイレなどを車のトランクに収納しておく。もし、避難可能で安全な親戚や知人宅があれば「万一の時は、避難させてください」と事前に依頼しておく。一方的な依頼で負い目にならないように「そちらが万一の時は、遠慮なくうちに避難してください」と付け加え、ゆるい相互支援協定を結んでおくといい。テント泊を選択するのであれば、テントをはじめ必要なアウトドア用品を準備し訓練しておく。福祉避難所に避難できない要配慮者は、被災地から離れインフラが機能しているビジネスホテルなどに一時宿泊する選択肢もある。複合災害だからといって怯まず、諦めず、事前に準備することが肝要である。安全・安心は準備に比例するのである。

3 車中避難（車中泊）

感染症流行の有無にかかわらず、今後大規模災害が発生すれば、「コロナ学習効果」もあり、指定避難所に避難する人より、車中避難を選択する人の方が多くなる可能性がある。後述する熊本地震の時も、自宅以外に避難した場所ランキング1位は「車の中」で、2位の指定避難所の2・5倍に上った。特に複合災害が発生した場合、避難所以外への分散避難で一番選択しやすいのが車中避難である。都市部は難しいかもしれないが、郊外であれば車中避難場所の指定はそれほど難しくない。都市部でも大規模なイベント会場等のスペースを活用することもできる。

自治体は今のうちに、車中避難のできる駐車場等と協定し「車中避難場所」に指定し、訓練を実施することをお勧めする。複合災害対策として避難所を増設し、感染防止措置にコストをかけるよりも、よほどコストパフォーマンスが良い。それに、住民それぞれがバラバラな場所に車中避難をすれば、避難者数の全体把握が困難になるが、あらかじめ車中避難場所を指定したり、オンラインで車中避難者登録できるようにしておけば、短時間に把握し支援体制を取ることができる。

4 車中避難者等への配慮

災害応急対策責任者とは、指定行政機関の長及び自治体の長その他の執行機関、指定公共機関及び指定地方公共機関、公共的団体並びに防災上重要な施設の管理者を言う。ということは、災害応急対策責任者というのは市町村長だけでなく、都道府県知事や指定公共機関なども、やむを得ない理由により避難所に滞在することができない被災者の必要な生活関連物資の配布、保健医療サービスの提供、情報の提供など必要な措置を講ずるよう努めなければならないのである。

被災者の定義は、大地震や台風などの災害に遭遇し、被害を受けた者というのが「被災者」の一般的定義であるが、よく考えるとあいまいな部分もある。大規模災害発生時、大揺れや津波により、自宅の損壊や死傷するなど直接被害を受けた人は被災者であることは当然である。併せて、自宅は無事であっても電気、ガス、水道、通信などが断絶し、生活物資が不足して通常の日常生活ができない人が、避難所に行かず自宅で暮らしていたとしても、これはれっきとした被災者であり在宅避難者である。被害想定における避難者数の計算には建物の全壊率と断水率によって避難者数を割り出している。つまり、断水でトイレや調理が使用不能となれば、これだけでも生活に支障をきたす被災者（避難者）である。特に感染症流行時は、断水で手洗いをこまめにすることもできない。停電で換気扇も止まってしまう。それに高齢者、妊産婦、障害者、乳幼児、基礎疾患を持っている人たちは、避難所での感染をおそれ、車中泊避難者や在宅避難者等、避難所外避難者（以下、「在宅避難者等」）となっている可能性が高い。

また、自治体の「発災時は、避難所だけでなく親戚や知人宅への避難も考えてください」という呼びかけに応じて行動した人たちかもしれない。実際には感染症が流行していなくても、発災後における避難所や在宅避難者の環境は厳しいものである。東日本大震災から2年後の2013年8月、内閣府から発表された「避難所における良好な生活環境の確保に向けた取組指針」の序文で、東日本大震災における課題を次のように掲げている。

- 被災者の心身の機能低下や様々な疾患の発生・悪化が見られた
- 多くの高齢者や障害者、妊産婦、乳幼児を抱えた家族、外国人等が被災したが、避難所のハード面の問題や他の避難者との関係等から、自宅での生活を余儀なくされることも少なくなかった
- ライフラインが途絶し、食料等も不足する中、支援物資の到着や分配に係る情報など必

要な情報が在宅の避難者には知らされず、支援物資が在宅の避難者に行き渡らないことが多かった
・県や市町村の域外に避難する広域避難者に対して、情報、支援物資、サービスの提供に支障を生じた

こうした課題を踏まえ、2014年6月に災対法を改正し、避難所における生活環境整備については災対法第86条の6に、避難所以外の場所に滞在する被災者についての配慮については同法第86条の7に、それぞれ規定されたところであると書かれている。しかし、その2年後に発生した熊本地震でも、避難所の課題は改善されておらず、多数の車中泊避難者を自治体が迅速に把握できず、情報も物資もすぐに届かなかった。

熊本地震の2か月後の2016年6月、通常国会において衆議院質問主意書に対し「車中泊避難者は、災害対策基本法第86条の7の『やむを得ない理由により避難所に滞在できない被災者』に該当する」と答弁がなされている。熊本地震においては、2016年8～9月に熊本県によって行われた熊本県民アンケート（益城町、南阿蘇村など10市町村＋インターネット3381人・複数回答）によると、自宅以外に避難した被災者の半数近くが指定避難所ではなく、車中避難（車中泊）であった。あの時、感染症が流行っていたら、

もっと多数の人が車中避難を選択した可能性が高い。

5 熊本地震での車中避難

熊本地震における自宅以外に避難した場所のアンケート結果（熊本県民アンケート）は次頁の表のとおりである。また、自動車の中と回答した人の約7割の人が「車中の避難期間が最も長かった」と回答している。次いで「車中避難」を行った理由について聞くと次頁下段の表のような結果となった。

熊本地震は3日間に7回も震度6弱以上の地震が発生する等、連続地震が影響していることもあるが、指定避難所の損壊による閉鎖なども重なり、避難所がそれほど安全な場所ではないというイメージを住民に持たせた。これが多数の住民を車中避難に追いやった要因とも言える。その結果、避難生活中に亡くなり震災関連死と認定された人は、地震による直接死（50人）の4倍を超えた。痛ましい限りである。大地震の後は連続地震が襲い、避難所も損壊する可能性があるという学習効果もあり、首都直下地震や南海トラフ地震でもこうした傾向が続くと思われる。

自宅以外で避難した場所・ランキング

1位	自動車の中	45.8%
2位	指定避難所	17.9%
3位	親戚・知人宅	16.5%
4位	指定避難所以外の避難所	7.1%
5位	その他	6.3%
6位	指定避難所かわからないが避難所	3.8%
7位	自動車を除く屋外	1.4%
8位	福祉避難所	0.4%

車中避難（車中泊）の理由・ランキング（熊本県民アンケート）

1位	余震が続き、一番安全と思ったから	36.2%
2位	プライバシーの問題	16.1%
3位	小さい子供や身体が不自由な家族がいたから	7.1%
4位	ペットがいたから	6.6%
5位	避難者が殺到すると思ったから	5.0%
6位	避難所が満員だったから	4.7%
7位	近隣に避難場所がなかったから	1.9%
8位	避難所に居づらくなったから	1.3%

・余震が続き、車中が一番安全と思った	79.1%
・プライバシーの問題で避難所より良いと思った	35.1%
・小さい子どもや体が不自由な家族がいたから	15.7%

特に感染症流行時の大規模災害では、避難所での感染をおそれ、車中避難者は、これまで以上に多数に上る可能性がある。自治体は今のうちに車中避難者用の避難場所を指定しておくべきである。東日本大震災や熊本地震の教訓を踏まえ、市区町村は、早い段階で在宅避難者等の概要を把握し情報と支援物資を届ける必要があるが、限られた人員で現場を

回り把握することは極めて困難である。そこで、今後はＬＩＮＥやＦａｃｅｂｏｏｋなどのＳＮＳを利活用した在宅避難者等の把握をお勧めする。熊本地震の後、車中、自宅、集会場、地区公民館などに避難していた人たちに筆者が実施した聞き取り調査（本震から1週間前後・男性55人、女性28人　計83人・複数回答）結果を見る。その時困った主なことを挙げてもらったところ、上位は以下の表のような内容であった。

「情報が入らないこと」と回答した人の多くが、カーラジオやスマホで全体の災害情報は分かるが、本当に必要な地元の生活支援情報が入らなかったと訴えている。例えば、「下水管が損壊しているのでトイレは流さないでください」と広報車が回ってきても、どこへ行けばいいのかという情報がないので、役所に電話を掛けたが、全くつながらなかったという。ホームページにも出ていなかったとのこと。指定避難所は建物が損壊し立ち入り禁止になっていたので、隣接学校の避難所に行ったら長蛇の列で2時間待ちのところもあった。障害者が福祉避難所の社会福祉センターに行ったら満員で入れなかった。担当者は「現在ほかの福祉避難所も

避難者が困った主なこと

1位	情報が入らないこと
2位	トイレ
3位	飲料水や食料などの生活物資
4位	携帯電話などの充電
5位	車の燃料
6位	持病の薬
7位	家族との連絡
8位	自治体の支援策など

作成：筆者

立ち入り禁止か満員です」というだけで、どうしたらいいか聞いても答えてくれなかったという。飲料水・食料はいつ、どこで配布するのかという情報も最初は全く入らなかったという。熊本県の産業展示場・グランメッセ熊本の駐車場に避難していた人は「3日目くらいに自衛隊が水と食料を配ってくれ嬉しかったが、それまで大変だった」と証言している。

市区町村は、避難所の避難者には比較的短時間で物資を配布し、災害掲示板などで情報を提供することができる。それと同じように車中避難者や在宅避難者等へもできるだけ早く、情報を発信し必要な生活物資を配布することが混乱回避につながる。それには、車中避難者数と在宅避難者数の把握ができるように、指定避難所や車中避難場所に掲出する災害掲示板と併せ、SNSを含め複数のオンライン情報で住民への周知ができるようにしておく。そして、事前に在宅避難者や車内避難者を対象とした情報収集伝達訓練を行っておくべきである。

車中避難場所を指定した場合は、避難所と同じように「健康チェックシート」「簡易避難者カード」を配布し、記入・提出してもらって、全体の避難者数等の把握を急ぐべきである。

6 車中避難のメリットとデメリット

車中避難のメリットとデメリットをまとめると、以下の表のとおりである。

発災時は、近隣の給油所が閉鎖され、燃料の補給が困難になることもあるので、常に燃料は半分になったら給油する2分の1給油ルールを作っておくといい。燃料がギリギリになるまで使っている車はいざという時役立たないことがある。そういうことを平時から習慣づけることを安全習慣と呼んでいる。

車中避難のメリットとデメリット

【車中避難（車中泊）のメリット】
・一定のプライバシーが確保できること
・家族だけなので、感染の心配が少ないこと
・冷暖房が使えること
・カーラジオで情報が得られること
・携帯・スマホの充電ができること
・より安全な場所に移動できること
・防災拠点などに物資を取りに行ったり、トイレが使用できたりすること
・被災地外へ移動し燃料補給や物資調達ができること
・いざという時は、病院にも直行できること

【車中避難（車中泊）のデメリット】
・燃料補給の心配があること
・長時間同じ姿勢でいることで、エコノミークラス症候群になりやすいこと
・トイレのある駐車場が少ないこと
・狭いので換気が悪くなること
・自治体から被災者・避難者としての支援が受けにくいこと
・トランクが狭く、備蓄できる物資が少ないこと

作成：筆者

第8章

備蓄と家族防災会議

1 結果事象に備える備蓄

防災備蓄は義務でありマナーである。外出自粛時の「籠城用」「巣ごもり用」としても一定の備蓄があればいざという時に慌てないで済む。災対法の第6条（住民等の責務）で、「地方公共団体の住民は、基本理念にのっとり、食品、飲料水その他の生活必需物資の備蓄その他の自ら災害に備えるための手段を講ずるとともに、防災訓練その他の自発的な防災活動への参加、過去の災害から得られた教訓の伝承、その他の取組により防災に寄与するように努めなければならない」と書かれている。つまり。食品、飲料水その他の生活必需物資の備蓄は、法に定められた住民の責務なのだ。また、高層マンションではエレベータが停まれば高層階へ物資を運ぶことは極めて困難になる。その時に助けを求めるのでは遅いし、結果として他の人に迷惑をかけることになる。自宅に最低でも7日分備蓄するのはマナーである。そして、備蓄するにもいくつかのコンセプトで備蓄するといい。

台風・噴火、地震などの災害に備えるということは、それぞれの災害によって引き起こされる結果事象別に備えることである。地震の揺れ、洪水・土砂災害・津波・高潮・降灰など災害事象と、それによる結果事象である停電、断水、ガス停止、道路・交通機関の途絶、通信回線の支障・断絶に備える。そして、同時に発生する可能性のある感染症などの複合災害にも備える。そして、何を備蓄すべきか？ 実際に災害疑似体験をすると、本当に困るものの必要なものが見えてくる。そこでお勧めするのが「在宅避難生活訓練」である。

2 在宅避難生活訓練で備蓄を考える

(1) 備蓄は7日分

発災時は避難所に行くからいいと思っている人が多い。半日や1日だけのいっときだけ避難するのであればそれは間違いではない。しかし、そこで暮らすには厳しい現実が待っている。当然温かく十分な食事など期待できない。プライバシーはなく、暗い、臭い、汚い「3Kトイレ」に1時間並ぶことを覚悟しなければならない。子供の泣き声、いびき、足音が絶えず、毛布1枚支給されても寒いし痛いし、眠れるものではない。電気、ガス、水道、電話が停止していても、安全が確保できたら自宅の自分の布団やベッドの方がよほどよく眠れる。その方が関連死にならないで済むのである。

失ったら取り返せない「命」を守るために、食う寝るところ、住むところの安全対策・

安全確保をしっかり行うことが最優先事項である。地震対策としては、我が家の耐震化の推進と室内の家具や電化製品の転倒落下防止対策も欠かせない。津波、水害、土砂災害のおそれのある地域であれば、より安全な高台、地形、地盤を選ぶ必要がある。浸水のおそれがある場合は上階に避難できるように構造や避難場所を確保することも大切。

自宅が安全であれば、そして建物が堅固であれば、感染症懸念の避難所に避難しなくても済む。今のうちに安全な家に住む（する）ために何をするかを家族で話し合って判断し行動すべきである。そして家の安全確保と合わせ最低7日分の備蓄も必須である。

これまで「水や食料の備蓄は3日分」と言われてきたが、その根拠は「発災後72時間（3日間）、防災関係機関は捜索、救助、救出が最優先される。物資の配送等に手が回らないので、その間は自力で対応できるように備蓄する」というものであった。しかし、これまでの大規模災害の経験からすれば、物資が3日で被災地に行きわたるような災害はそれほど大きな災害ではない。災害に備えるというのは大規模災害に備えることである。大規模災害ともなれば、生活インフラだけでなく流通も途絶し大混乱に陥る。それが復旧するまでに最低でも1週間は見ておかなければならない。2020年のコロナ禍でわかったように、日本の物流は極めて脆弱な需給バランスの上に成り立っている。いったんパニック買いが始まると、あっという間に店頭からモノが消える。

(2) 在宅避難訓練で、何がどれだけ必要かを検証

では、何をどれだけ備蓄するかを考えなければならない。それは家族構成によっても異なる。乳幼児や高齢家族がいれば、ミルク、おかゆ、オムツ、尿取りパッドも必要になる。そうしたことを実感できるのが「在宅避難生活訓練」だ。

それは極めて簡単で誰にでも自分だけでもできる訓練である。つまり、1泊2日くらい、電気、ガス、水道、電話を止めて（止まったと思って）暮らす。それが在宅避難生活訓練である。ブレーカーを落とし停電状態にして半日も経てば冷蔵庫からは水がにじみ出てくるし、魚や肉は腐敗しはじめる。となれば、冷蔵庫内にあるもので傷みやすいものはカセットコンロで煮たり焼いたりして火を通しておけば、消費期限を延ばすことができる。そのカセットコンロを使う時は、耐用年数を確認する。一般的なカセットコンロの耐用年数は10年である。日本ガス石油機器工業会では10年経ったら必ず買い換えてくださいと言っている。電子部品が経年劣化することもあるが、一番問題はカセットボンベ挿入口にあるゴム・樹脂系のオーリング。経年劣化し、ひび割れたりするとガスが漏れる危険性があるからだ。また、カセットボンベの耐用年数の目安は7年。実際の訓練をする時に点検しておくとよい。

さらに、停電にしてみると、懐中電灯1個では暗くて暮らせずランタンが必要だと分か

る。換気扇が停まると家中トイレや汚物の臭いでものすごいことになる。非常用トイレには消臭剤と凝固剤が必要だと気づく。災害発生後1週間くらいは、ごみの収集は来られない場合が多く期待できない。各家庭の生ごみやトイレの汚物は自宅で保管しなければならない。非常用のトイレは用を足した後、小さな袋に入れるのはいいが、それをまとめて保管するにはよほど丈夫で大きなビニール袋が必要になる。

(3) トイレットペーパーの使用量

トイレットペーパーをどのくらい備蓄するかも考える。日本トイレ協会によると、日本人女性が1日に使うトイレットペーパーの量は平均12・5m、男性の平均は3・5m、男女均せば平均1日8・0m。通常のトイレットペーパーは1ロール約60mだから、3人家族で余裕を見て約2日に1ロール以上の計算で準備すればいい。我が家では3か月分のトイレットペーパーをトイレ内だけでなく、トランクルームなどのデッドスペースに分散備蓄している。

トイレットペーパー備蓄と分散備蓄

上の棚には非常用トイレを収納（撮影：筆者）

(4) 熱中症対策

夏季に電気や水道を停めて在宅避難生活訓練をすると、エアコンも扇風機も使用できないので猛烈な暑さに見舞われる。室内でも熱中症の危険性がある。そこで準備しておきたいのが、電池式の携帯扇風機と冷却シート。特に冷却シートは今は様々な種類のものがドラッグストアやネットで販売されている。額や首に貼ると約6時間冷却効果がある。子供や高齢者などのために、事前に準備しておくことをお勧めする。

(5) エサではなく食料を（ローリングストック法で）

食料はただ備蓄すればいいというものでもない。なぜならば、備蓄するのはエサではなく人間の食事（食料）だからである。できれば普段の食事に使えるもの、家族の好きなもの、美味しいもの、栄養バランスが良く消化の良いものを備蓄する。そして、月に2回程度の非常食デーで、食べたら補充するローリングストック法であれば、7日分がほぼ1年でリニューアルできる。発災時、電気、ガス、水道が停まったとして、家族が食べる3食×7日分の食事をイメージしてみる。本当に今備蓄しているカンパンでいいのか、カップ麺だけでいいのかを考えながら、2日間実際に食べてみるといい。そして、家族で点数をつけてみる。10点ずつ「美味しい・普通・美味しくない」「辛い・普通・甘い」

「量が多い・普通・量が少ない」「好き・嫌い」「普段使える・普段使えない」などで総合点数の高いものなどを選ぶ。栄養バランスが崩れると、免疫力が低下し感染症にもかかりやすくなる。

「備えあれば憂いなし」という言葉があるが、人間という厄介な動物は「憂いが目前に迫らなければ備えられない」のである。防災備蓄も同じである。形式的に1日分か2日分備蓄するのではなく、本当に役立つものを真剣に考えて7日間暮らせる必要量をしっかり備蓄してほしいものである。

災害時は恐怖と不安とストレスで精神的にも不安定な状態にある。そうした時に体調を整えるには消化のよい食物が必要。特に感染症流行時は偏った栄養の食事では免疫力も低下する。それに、家族の好むものを選ぶと災害時もみんな元気が出る。この「家族の好むもの」は、レトルトの温めずに食べられるカレー、パスタ、カップラーメン、クラッカー、乳酸菌入りのお菓子などの主食だけでなく、副食や嗜好品も用意する必要がある。三度三度同じものでは飽きてしまうのでメリハリとバラエティーにも留意する。そのためには食欲を刺激する梅干しや、魚・おでん・焼き鳥の缶詰、缶入ドロップ、チョコレート、クッキー、煎餅、グミなど家族の好きな嗜好品を備蓄しておくといい。また「栄養バランス」を考えると、乳酸菌入り青汁、温めなくても美味しい野菜たっぷりスープ、カレー、筑前煮の缶詰などは比較的栄養バランスがとれている。

さらに長期間保存できなくても数か月程度保存できるものでよければ選択肢が増える。また、すべてでなくてもいいので、一部は火を使わず調理しないで食べられるものも準備する必要がある。それは大規模地震発生時や台風襲来時はインフラが止まっている中、余震や強風が続いている可能性があるので、火を使わずに食べられるものがあると安心だ。余裕があれば、朝昼晩の食事を考え備蓄する方法もある。例えば、朝食はクラッカーと野菜たっぷりスープ、昼食はパスタかカップラーメンと筑前煮の缶詰、夕飯はカレーライスと乳酸菌入り青汁、デザートはチョコレートなどと1週間分の非常食メニューを作って備蓄すると楽しくなる。また、高齢者や乳幼児用にはおかゆや液体ミルクなど、家族構成に応じて備蓄する。食料の備蓄数は、家族数×21食（7日分）が基本。

3 家族防災会議

(1) 自治体が推進する「家族防災会議の日」

私が以前から提唱してきた「家族防災会議の日」を制定する自治体が増えてきた。神奈川県寒川町では、2015年1月から、原則毎月第1日曜日を「寒川町家族防災会議の日」に制定している。そして、「こちらは防災寒川です。毎月第1日曜日は、寒川町家族防災会議の日です。今月は、地震発生に備え、家族の役割分担を決めておきましょう」などと防災行政無線による放送を行い、広報紙、ホームページで啓発を図っている。埼玉県新座市では毎年9月の第1日曜日を「新座市家族防災会議の日」と定め、ホームページには会議のテーマとして、

① 災害時の家族の役割分担
② 安否確認の方法
③ 集合場所
④ 避難場所

などを挙げている。同県行田市でも2015年から毎年9月第1日曜日を家族防災会議の日と制定し、

① 地震が発生したらどこへ避難するのか、前もって避難場所を確認し、実際に避難場所まで歩いて道順を覚えましょう。
② 家族が離れているときやバラバラになったとき、どこに集合するか決めておきましょう。

③ 他都道府県の親類か友人を連絡先として決めておくと、安否確認がしやすくなります。
④ 家の中の安全な場所、危険な場所を確認しましょう。
⑤ 非常用持ち出し品の置き場とその中身を確認しましょう。

などと呼びかけている。高知県佐川町では2016年8月から毎月第2日曜日を「さかわ家族防災会議の日」に制定し、

① 台風や大雨時の避難行動の決定について
② 家族や災害時に避難を支援してくれる者との連絡手段について

などをテーマの例として挙げている。

このように自治体が率先して「家族防災会議の日」を定めると、住民の意識も上がるというものである。自治体が定めていなくても、自分や家族のために「我が家の家族防災会議」を開いてほしい。できれば毎月、せめて年2回程度は開催してほしいものである。

(2) 家族防災会議の主なテーマ

高齢者や障害者のいる家庭では、福祉避難場所の確認などが必要になる。家ごとに家族構成や環境が違うので家庭にあった内容を考えて話し合う。こうした家族防災会議は年に1～2回程度、9月1日と3月11日など定期化して日程も決めておくといい。

家族防災会議の主なテーマ

- 自宅周辺の地形、地盤（高いか低いか）などの安全性確認
- 周辺地域で過去発生した災害と被害
- ハザードマップで我が家のリスク確認（危険区域かどうか）
- 近くの氾濫しそうな河川の有無
- 近くの土砂災害発生危険の有無
- 我が家のウィークポイント（弱点）を挙げてみる
- 建物の耐震性の有無（性能評価書で耐震等級確認）
- 室内の転倒落下物の有無（家具・電化製品は固定済みかどうか）
- 台風接近時に強風で飛ばされそうなものの有無
- 窓ガラスの防災対策の有無（飛散防止フィルムが貼ってあるかなど）
- 緊急連絡先一覧ができているか（親戚・知人・インフラ事業所など）
- 発災時、家族が離れ離れになっている時の連絡方法
- 発災時、連絡が取れない場合の落ち合い場所
- 地域の指定避難場所、避難所の確認
- 避難場所への安全な複数避難経路の確認
- 我が家の地震安全ゾーン（地震時に転倒落下物の少ない、閉じ込められない場所）
- 我が家の洪水・土砂災害安全ゾーン（洪水・土砂災害懸念時、我が家の2階は安全か）
- 感染症×大規模災害時、避難所以外の避難場所
- 自宅に住めない場合、どこへ避難するか（避難所・親戚宅・知人宅・車中避難など）
- 在宅避難のために何をどれだけ準備すべきか
- 防災備蓄は整っているか（内容と7日分）
- 防災用品の点検・期限確認
- 非常持ち出し袋は準備してあるか（家族分）
- 車のトランクに防災用品が入れてあるか
- 災害が長期になった時の疎開先
- 持病の薬備蓄・お薬手帳コピー・かかりつけ医の緊急連絡法
- 我が家の停電・断水・ガス停止・通信障害対策
- 我が家の防災訓練日程
- 我が家の在宅避難訓練日程
- 自治会・町内会行事に参加・参画
- 地域自主防災組織への参加・参画
- 向こう三軒両隣で助け合うための普段の付き合い・防災隣組の結成

作成：筆者

4 在宅避難の強い味方（ＥＶ車）

令和元年房総半島台風（15号）の時、千葉県を含め最大93万戸が停電し、復旧までに長時間を要した。北海道胆振東部地震（２０１８年）の時も北海道電力管内で国内初のブラックアウト（全域大停電）が発生。道内の離島などを除くほぼ全域約２９５万戸が停電した。その時、停電で何が困ったかを筆者が現地で聞き取り調査（男女48人・複数回答）した結果（次頁表）が、今後の防災の参考になる。

北海道胆振東部地震の時、札幌郊外で不思議な光景を見た。通り過ぎる車のヘッドライト以外全道ブラックアウトで真っ暗な中、そのマンションだけ明かりがキラキラと点いていたのである。闇の中にそこだけ光に包まれた建物が夢のように立っていた。１００室ぐらいの8階建てマンションだった。管理組合の人に話を伺うと「東日本大震災の後、停電に備えて、管理組合で電気自動車を2台購入したのです。普段はカーシェアリングで活用し、いざという時はその電源を送水ポンプと共有部の照明が使えるようにしていたのです」という。このマンションには屋上にソーラーで充電する非常用バッテリーもあって、停電でも数時間はエレベーターも使えるそうだ。電気自動車（ＥＶ車）

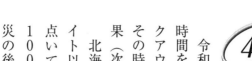

ブラックアウトで困ったこと

- 照明が消え、家中真っ暗、懐中電灯だけでは暗くて怖い
- 換気扇が停まると、家中悪臭が漂う
- エアコンが使えない
- エレベーターが止まった（閉じ込められた）
- 立体駐車場から車が出せない
- 電車の遮断機が下がったまま
- 電動シャッターが開かない
- タンクレストイレが流せない
- 停電で送水ポンプが動かず断水になった
- マンションが断水で、30階を階段で水運びして体調を崩した
- 高層マンションの火災報知器が鳴り、現場確認に30階まで階段を上り下りしたが誤報だった
- 停電でセキュリティが機能せず、防犯上問題があった
- スマホ・携帯がかかりにくい
- スマホ・携帯の充電ができない
- 固定電話（光回線、CATV、ADSLの回線）が使用できない
- ATMでお金が引き出せない
- 銀行が閉まった
- クレジットカードが使えない
- 信号が消え、一部で交通事故が増加
- 在宅人工呼吸器が使用できず
- 冷蔵庫から水が垂れ、生ものが傷みはじめた
- ガソリンスタンドに長い列
- パソコンのバッテリーが切れた
- オール電化ですべて止まった
- オートロックが機能しなかった
- 自動火災報知器の予備電源が切れ、火災になっても火災報知器が鳴らない
- 乳牛の搾乳ができない
- コンビニ・スーパーが休業
- 電車が全面運行停止
- タクシーのガススタンド休業
- テレビが見れず情報が入らない
- 冬だったら大変だったと思う

作成：筆者

やプラグイン・ハイブリット車で電気を備蓄し、いざという時に車の電気がバックアップする時代であることを肌で感じた。

大規模災害発生時は長期停電が懸念される。特に感染症が流行していたら、感染拡大の危険性も高まる。避難場所だけでなく自宅でも換気扇が停まると、換気が不十分になり、断水で手洗いも満足にできない。断水していなくても停電になればタンクレストイレは流せなくなる。大規模災害時、電気・水道・ガスなどは復旧までに最低1週間以上かかる。また、流通が混乱しガソリンの供給が少なくなり、停電で約9割のガソリンスタンドが閉鎖される可能性がある。その時、在宅避難生活を支えるのがプラグイン・ハイブリッド車やEV車である。EV車があれば車中泊もできるし、自宅のバックアップ電源としても使える。車に貯めていた電力で照明をつけ、IHヒーターで調理し、テレビを見ることができるのである。

例えば、電気自動車・日産リーフの場合、バッテリーがフル充電してあれば普通に各家電を使用しても4日間は生活ができるという。建物や家電の省エネ化、ソーラー発電と組み合わせれば、停電復旧まで十分に我が家のエネルギーを賄える。昼間は太陽光の電気を使い、夜間や雨天の時はEV車から電気を供給する。こうした地球にやさしいクリーンエネルギーを使いつつ、在宅避難生活を支えることができる。さらに、自家発電設備のない避難所の照明や換気システムなどにも利活用できるので、発災時に地域住民が使用しているEV車やプラグイン・ハイブリッド車を集結すれば、インフラ断絶時も避難所環境を維持することができる。結果として感染拡大を防ぐことにもなる。

5 ZEH（ゼッチ）で災害に強い快適エコ生活

災害発生後、ケガもなく家族の無事が確認されたとしても、劣悪環境の避難所ではストレスが溜まる。ましてや感染症が蔓延していたら最悪である。といって車中避難も長引けばエコノミークラス症候群などの震災関連死というさらなる試練が待っている。そして、長期停電ともなれば、照明はおろか家電も使えずタンクレストイレさえ流せない。そこで考えなければならないのは災害時だけでなく、平時の暮らしと環境にも配慮した家庭のエネルギー対策だ。

その課題を解決するのがZEH（ゼッチ）である。ZEHとは、ネット・ゼロ・エネルギー・ハウス（Net Zero Energy House）の略で、環境に配慮しつつ、災害時の電気も賄うマルチ型省エネシステムである。このZEHという新しい概念は、平時から消費エネルギーを抑制するため太陽光発電、電気自動車、家庭の蓄電池設備、省エネ家電、住宅の省エネ構造などを組み合わせ、最終的には自宅で創ったエネルギーと消費エネルギーの収支をプラスマイナスゼロにすることを目的としている。それによって、クリーンで快適な暮らしと共に二酸化炭素などの温室効果ガス排出を抑え、さらに災害に強い住宅が実現できる。

例えば、太陽光発電システムの自立運転機能を活用すれば、最大1500Wの電力が得られる。また、エネファーム（家庭用蓄電池システム）を設置しておけば停電時にも最大4200Wが使える。その上、電気自動車の急速充電設備「V2H」があれば、電気自動車を蓄電池代わりにできる。さらにエネファームも最大500W、最長8日間継続して電気を供給する。災害時に停電になっても、照明、携帯・スマホの充電、テレビ、タンクレストイレ、お湯、シャワー、ガス温水床暖房などが使えるようになる。また住友林業の家のような木造住宅は断熱効率がよく、さらに高機能断熱材を使用し、太陽光を取り入れ換気・通気などを考慮した省エネ住宅構造が加わると、省エネや災害対策だけでなく、ZEH住宅のランニングコスト（維持費）は極めて廉価で、コストパフォーマンスのいい暮らしとなる。ZEH住宅の普及を進める政府は、70～125万円の補助金（2019年実績）を出して積極的に推進を図っている。これからは、自分や家族の安全と共に、地球温暖化防止のためにも環境、省エネに配慮した地球にやさしい生き方が求められている。

6 台風上陸前後の売り切れ商品ランキング

過去50年にわたり台風災害の現場を調査し、そのたびに災害発生前後にスーパーやコンビニ、ホームセンターで何から売り切れたかを調べてきた。こういう時になくなるものが災害時に必要なものであり、台風対策として備蓄すべきものと考えている。台風襲来のおそれが出てからでは、生活必需品はすぐ売り切れる。平時に台風対策用品として自分の家に必要と思われるものを備蓄しておくといい。次に掲げるのは令和元年房総半島台風（15号）と令和元年東日本台風（19号）の時に、被害が多かった地区のスーパー、ホームセンター、コンビニの店長などに筆者がアンケート調査（38人・複数回答）を実施した結果である。

1位	食料（おむすび、パン、カップ麺・菓子類）
2位	乾電池
3位	飲料水等
4位	携帯・スマホの充電器
5位	モバイルバッテリー
6位	シガーソケットチャージャー
7位	カセットガスボンベ
8位	養生テープ・ガムテープ
9位	ブルーシート・レジャーシート
10位	ポリタンク
11位	ランタン
12位	懐中電灯
13位	軍手・滑り止め手袋・ゴム手・皮手
14位	非常用簡易トイレ・携帯トイレ
15位	ガソリン携行缶
16位	カセットコンロ
17位	ローソク
18位	土のう袋
19位	針金
20位	ロープ
21位	携帯ラジオ
22位	長靴
23位	雨具
24位	ヘルメット
25位	ガラス飛散防止フィルム
26位	ベニヤ板
27位	工具ボックス
28位	スコップ
29位	使い捨てカイロ
30位	小型発電機

作成：筆者

これは台風だけでなく、他の災害にも共通する備蓄品も多いので複合災害対策としても参考になる。ただ当時は感染症については考慮されていないので、今後は感染症対策も念頭に入れた備蓄が必要である。

7 我が家の備蓄チェックリスト

□ 消火器（初期消火用）
□ 避難用ロープ（緊急避難用）
□ 救急セット（応急手当て用）
□ 命の笛（助け・応援を求める緊急用）
□ バール・大ハンマー・ノコギリ（救出・救助用）
□ マスク／3週間分×家族数（感染症対策）
□ アルコール消毒薬（感染症対策）
□ 予備の体温計（感染症対策）
□ 飲料水7日分／1人3ℓ×7日分＝21ℓ×家族数（在宅避難生活用）
□ 食料／1人1日×3食×7日分＝21食×家族数（在宅避難生活用）
□ 給水ポリタンク／20ℓ×2個（給水受領用）
□ 非常用トイレ・消臭剤・固形剤付き／袋式トイレ等×7日分×家族数（在宅避難生活用）
□ 寝袋（在宅避難生活用）
□ 予備のトイレットペーパー／7日分（在宅避難生活用）
□ 大・中・小のビニール袋（在宅避難生活用）
□ 予備のティッシュ（在宅避難生活用）
□ ウエットティッシュ・除菌ティッシュ（衛生管理用）
□ 予備の食品ラップ（在宅避難生活用）
□ カセットコンロ（在宅避難生活用）
□ カセットボンベ／7日分（在宅避難生活用）
□ 懐中電灯（在宅避難生活用）
□ ランタン（在宅避難生活用）
□ 携帯ラジオ（情報収集用）

□ 携帯電話充電器（在宅避難生活用）
□ 予備の電池（在宅避難生活用）
□ 使い捨てカイロ（在宅避難生活用）
□ 土のう袋（水害対策用）
□ ブルーシート（応急補修用）
□ ガムテープ（応急補修用）
□ 養生テープ（強風対策・ガラス飛散防止用）
□ 予備のごみ袋（在宅避難生活用）
□ お掃除セット（停電対策用）
□ 蚊取り線香（在宅避難生活用）
□ 予備の筆記用具（在宅避難生活用）
□ 小型発電機（在宅避難生活用）

作成：筆者

防災用品点検の日

定期的に実施してほしいのが「防災用品点検の日」である。私が提唱しているのは防災の日の9月1日を起点に、12月1日、3月1日、6月1日の年4回。季節ごとに点検することで、寒くなる前には非常持ち出し袋に使い捨てカイロやセーターを余分に入れるとか、夏になる前には蚊取り線香や、虫よけスプレー、冷却シートも加える。台風シーズンになると雨合羽や防水懐中電灯が必要になるなど、環境の変化に合わせて防災用品の入れ替えや点検を行うと安心である。

年に4回点検していると、非常用の食料や飲料水も長期保存できるものばかりを選ばなくてもよくなる。カップラーメンなどの保存期限は約4～6か月くらいが多い。そうした期限のある食料や乾電池などは買った時にマジックで大きく有効期限を書いておく。そうすれば、長期保存でなくても期限前に消費し買い替えることができるので無駄にならない。備蓄食品は普段遣いのものを少しずつ余分に備蓄すればいいのである。防災家族会議と一緒に防災用品の点検も行い。期限切れになりそうなものは、早めに食べてしまえばいい。

8 分散備蓄

備蓄品の置き場所が問題である。豪邸でない限り、一般家庭では備蓄するためのスペースが取れない場合が多い。そのために必要なのが分散備蓄である。家の中で普段あまり使われていないデッドスペースを探すと結構出てくるものである。また、防災備蓄のためにも家族全員で防災大掃除を実施して、備蓄品置き場をつくることもできる。整理すればトランクルーム、トイレ、トイレの上の戸棚、本棚の奥のスペース、片づければ納戸にもスペースを見つけることができる。1か所にまとめておく場所がある家はいいが、ない場合は少しずつ空いているスペースに分散備蓄する。この場合、管理するのが面倒になるので、ノートにどこに何が置いてあるかをメモしておく。そして、購入した時に太いマジックで有効期限を書いて、先入先出で新たに買ってきたもの、期限が長いものを奥に入れ、期限が短いものを前に出す癖をつけておく。そして、使ったら、必ず補給することで長続きする。

また、前述したように、いざという時には分散避難という選択肢もあるので、その場合に備えて、車のトランクに水・食料のほかにアウトドアセットと毛布などを入れておく。水や食料は高温になると傷みやすいので、発泡スチロール箱やクーラーボックスのような断熱効果のある容器に収納して入れておくとよい。さらに、分散避難で安全な親戚・知人宅を考えるのであれば、事前に話し合いをして、非常用品を相互備蓄しておき、定期的に合同防災訓練と称して、互いの家で非常食の試食会を開くのもお勧めである。

(1) 車のトランクに防災備蓄

車は第2の避難場所になる。また、余震などが続き不安で眠れない時、一時的に安全な場所に移動し仮の寝室にもなる。一定のプライバシーが保たれ、ラジオがあり、携帯やスマホの充電ができ、冷暖房がついている。トランクに非常用品をストックしておけばさらに安心である。

(2) 車のトランク・備蓄品チェックリスト

□ 飲料水・非常用食料（1〜2日分×家族数・クーラーボックス等に入れておく）
□ カセットコンロ・カセットボンベ（高温対策ボックス）
□ コッヘル（小型調理器具）
□ 紙コップ・紙食器・箸・スプーン
□ 袋式トイレ・携帯トイレ
□ 毛布か寝袋
□ 救急箱・体温計
□ 予備下着
□ 傘・雨具
□ 靴カバー（感染防止対策）
□ 消毒薬（感染防止対策）
□ 除菌ティッシュ（感染防止対策）
□ シガーソケットUSBポート（スマホ・携帯充電用）
□ バール・ハンマー（救助用）
□ 緊急脱出用ハンマー（緊急用）
□ ロープ（緊急用）
□ ブースターケーブル（緊急用）
□ スコップ（スタック対策用）
□ タオル・石鹸・歯磨きセット
□ ブルーシート（応急対策用）
□ ガムテープ・養生テープ（応急対策用）
□ 懐中電灯（夜間用）
□ 予備電池（懐中電灯用）
□ その他、アウトドア用品

作成：筆者

発災時、各自が非常持ち出し袋をもって車に乗り込めば、一定の非常用品が確保できる。家が損壊していなければ家の備蓄品も利用できるので、車のトランクに備蓄するものは他の備蓄品とセットで考え補完するように準備するといい。

(3) 非常持ち出し袋の準備(感染症×大規模災害)

避難する時の非常持ち出し袋は一家に1つではなく、一人1個で家族分用意する。家族分をまとめると重量も重くなるので家族特性に合わせて一人ひとりが持ち出せるようにして準備することが重要である。例えば、高齢者、乳幼児、女性であれば、老眼鏡、オムツ、生理用品などニーズを考えて準備しておく。感染機会を最小限にする準備も大切。マスクは避難所で配布されるとは限らないので、できれば予備のマスク1週間分も入れておく。避難所で多数の人が使用するものを借りるのではなく、家族用の体温計やアルコール除菌ジェルも必需品。髪の毛にエアロゾル状のウイルスが付着する可能性が高いので帽子を被る。食品ラップは手に巻いて食品を配ったり、ドアノブなどに巻き付けたり、定期的に交換すれば消毒の手間が省ける可能性がある。発災時に何が起きるのかを、想像力を働かせて準備する。

非常持ち出し袋だからといって、銀色で市販されている専用のものでなくてもいい。布製でも防水性能があるもの、背負いやすく使いやすいもの、複数のポケットがあるものがお勧め。そして、非常持ち出し袋の置き場所は、押し入れの奥ではなく、いざという時持ち出しやすい場所、点検しやすい場所、例えば玄関の空きスペースなどに保管する。

(4) 非常持ち出し袋・チェックリスト

□ 防災マップ（避難用）
□ いのちの笛（救助・応援を求める緊急用）
□ ウエストポーチ（貴重品入れ）
□ 緊急連絡先表（避難生活用）
□ 保険証・お薬手帳コピー（避難生活用）
□ かかりつけ医の診察券等のコピー（避難生活用）
□ 運転免許証コピー（避難生活用）
□ 1日分程度の飲料水・非常食（避難生活用）
□ 予備のマスク（感染防止）
□ 体温計（自分と家族の検温用）
□ アルコール除菌ジェル・除菌ティッシュ（感染防止）
□ 帽子（保温・感染防止）
□ 手袋（保温・感染防止）
□ 靴カバー（感染防止）
□ 食品ラップ（感染防止）
□ 使い捨てカイロ（保温）・懐中電灯（避難・避難生活用）
□ 携帯ラジオ（情報収集）
□ 携帯電話充電器（情報収集）
□ 予備電池（携帯電話・懐中電灯・携帯ラジオ用）
□ 予備の眼鏡・予備のコンタクト（避難生活用）
□ 雨具（避難生活用）
□ ビニール袋（靴入れ）
□ ゴミ袋（避難生活用）
□ レジャーシート（避難生活用）
□ エア枕（避難生活用）
□ 簡易スリッパ（避難生活用）
□ アイマスク・耳栓（避難生活用）
□ タオル・石鹸・歯磨きセット（避難生活用）
□ サバイバルツール（避難生活用）
□ 携帯用トイレ（避難生活用）

□ 三角巾・救急セット（避難生活用）
□ 持病の薬（避難生活用）
□ 予備の眼鏡（避難生活用）
□ 冷却シート（避難生活用）
□ 目薬（ほこり対策）
□ 水のいらないシャンプー（避難生活用）
□ 筆記用具（避難生活用）
□ ジッパー付き袋（避難生活用）
□ 予備の下着・衣類・厚手の靴下（避難生活用）
□ 紙コップ・紙食器（避難生活用）
□ 少しの現金（小銭を含む）

作成：筆者

第9章

町内会・自主防災組織の役割

(1) 感染防止のため回覧板を中止

感染症流行時、自治会・町内会・自主防災組織の役割は比較的少ない。感染防止のために、年中行事を中止または延期するくらいしか対応策がない。今回の新型コロナウイルス感染拡大を受け、全国の自治体で回覧板の使用を中止する自治会が相次いだ。福井市や栃木県さくら市は「多くの人が触れるので」として、市報などの連絡事項を回覧板に挟んで戸別に読んでもらう方式を中止した。代わりに市のホームページで確認するよう求めている。千葉県船橋市は自治会に対し、配布物の仕分け作業が感染につながらないように、一部の発送を中断した。さらに、自治会の会議や行事の自粛・延期なども打診した。自治会総会などは書面表決（評決）でしのぐ方法などを紹介している。同県我孫子市では回覧板の使用を中止したが、スマホやインターネット環境のない家庭などに情報を提供するため、ポストへの投函などで手渡しを避けるよう呼び掛けている。では、新型コロナウイルスは物に付着した場合どのくらい生存しているかを調べた結果は次のとおり。これは米国疾病予防管理センター（ＣＤＣ）とカリフォルニア大学ロサンゼルス校、プリンストン大学らの研究チームが米国の医学誌「ニューイングランド医学ジャーナル」に発表した「新型ウイルス

新型コロナウイルスの最大生存期間

・空気中	3時間
・銅の表面	4時間
・段ボールの表面	24時間
・ステンレス鋼の表面	48時間
・プラスチックの表面	72時間

を含んだ液体を噴霧し、エアロゾル」と呼ばれる微粒子にしたものを吹きつけた場合の生存結果を発表したものである。

これでは回覧板に付着したウイルスが町内に感染拡大をもたらす可能性があるので、収束するまでは回覧板を中止することはやむを得ない。

(2) 新生活様式の普及

緊急事態宣言の解除を踏まえ、各自治体は感染拡大防止と社会経済活動との両立を図るため、「新しい生活様式」の普及を促進している。自治会・町内会で行う行事や会議について感染拡大の予防に向けて、以下のような協力を要請している。

【基本的な感染対策の徹底】

・人と人との距離の確保
・マスクの着用の徹底
・手洗いの徹底
・密閉、密集、密接などの3密の回避

【イベント等の適切な開催】

・屋内であれば100人以下、かつ収容定員の半分以下の参加人数とする

・屋外であれば200人以下、かつ人と人との距離を十分（できるだけ2m）確保すること

※混雑時の入場制限や消毒、換気。前述の人数に満たない場合であっても、密閉された空間において大声での発声、歌唱や声援、または接近した距離での会話等が想定されるようなイベント等に関しては控えるようにする。リスクへの対応が整わない場合は中止または延期するなど、慎重な対応をお願いします。と書かれている。

自治会・町内会等の定期総会等の開催について京都市情報館のホームページでは次のように書面評決を促している。

「委任状や書面による表決の方法が規約

自治会連合会が配布した緊急チラシ

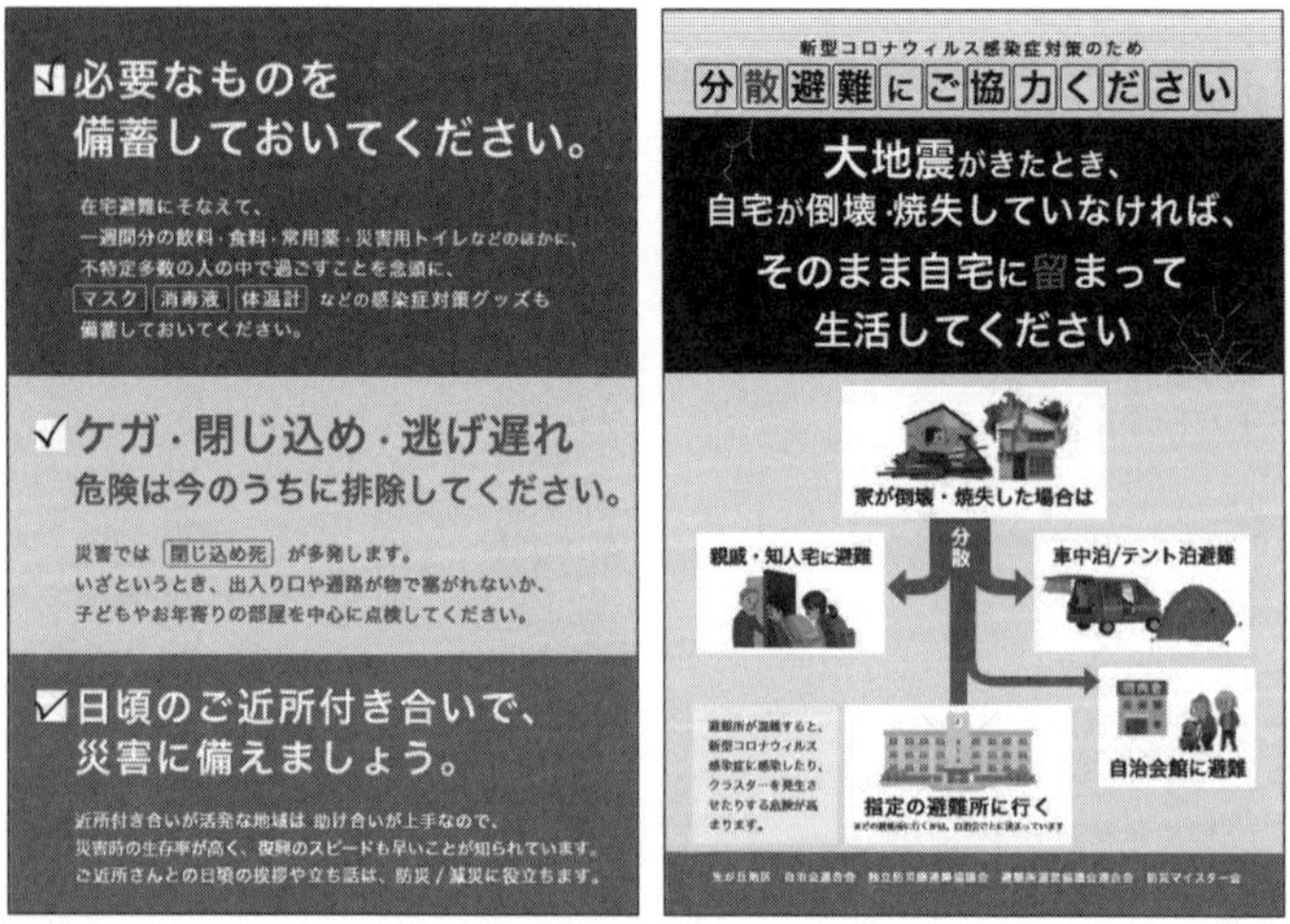

出典：相模原市・光が丘自治会連合会 独立防災隊連絡協議会 避難所運営協議会連合会

に定められている場合、規約上の定めがある自治会・町内会におかれましては、委任状や書面による表決の方法がございます。認可地縁団体についても、規約に特別の定めがない限り、委任状や書面による表決をすることができます」と。そして、委任状や書面による表決の方法が規約に定められていない場合の書面評決の進め方については、以下のとおりである。

・「定期総会書面評決のお知らせ」「議案書」「書面評決書」を会員に配布する。
・会員から「書面評決書」を提出してもらう。
・書面評決を集計する。
・回覧等で結果を全員に知らせる。

(3) コロナ禍の最中に、分散避難を呼びかけた「独立防災隊」

コロナ禍の第2波、第3波が懸念されるさなか、神奈川県相模原市の光が丘自治会連合会、独立防災隊連絡協議会、避難所運営協議会連合会等が連名で緊急チラシを発行（前図）し、光が丘地区約8000世帯に配布した。そこには「新型コロナウイルス感染症対策のために、分散避難にご協力ください」「大地震がきたとき、自宅が倒壊・焼失していなければ、そのまま自宅に留まって生活してください」と、分散避難と在宅避難を呼びかけ

近助メシと近助タクシー

防災ひと口メモ

普段からの見守りや助け合いは、一番身近な向こう三軒両隣の「近助」である。それは、学校でも職場でも出先でも、困っている人がいたら近くにいる人が助けるという、同じ時代同じ地域に生きる者同士が思い遣る概念。私が「近助」という言葉を創って講演やメディアで使うようになったのは、30年ほど前から。2005年には『近助の精神』も出版した。最初は誤字だ、言葉遊びだと揶揄されたが、最近は全国で使われるようになってきた。東京都昭島市では「互近助カード」という自治会員優待カード。福井県永平寺町では昨年11月から、地元ドライバーが運転する「近助タクシー」の試走運行が始まった。郵便局に予約すると、7人乗りミニバンが自宅玄関まで迎えにきて、病院、スーパー、役場などに送ってくれるデマンド型交通である。

その永平寺町が今年4月から「近助メシ」を始めた。新型コロナウイルス感染拡大で、外出・外食を控える動きが広がり、飲食店などが大きな痛手を受けていた。一方で、働く人たちや子供たちの食事に困る人もいる。それを解決しようというのが「永平寺近助メシ」。町内で提供しているテイクアウトやデリバリー情報をSNSで家庭とお店で共有し、近助タクシーとも連携できる仕組み。5月には新聞折り込みでチラシも配布した。こうしたユニークな取り組みを実行しているのが、「北陸に河合あり」といわれる河合永充町長(47)。町長の熱情が、「近助」を一段と男前の美学にしている。

永平寺町近助メシ

出典：永平寺町ホームページ

ている。そして、家が倒壊・焼失した場合には親戚・知人宅に避難、車中泊/テント泊避難、自治会館に避難、指定の避難所に行くなどの分散避難方法がイラストで描かれている。

年中行事中止・回覧板中止、総会は書面表決など、コロナ禍に対し自治会・町内会は無力と言われる中で、この機に複合災害に備えて、分散避難、備蓄の推進、自宅の安全化、近所づきあいの促進などを呼びかけている。住民の危機意識が高まっている今、絶妙のタイミングでニューノーマル防災を実践したのである。機を見て敏、さすがである。この地域の防災・減災を推進する独立防災隊が発足したのは、東日本大震災が発生する3年前の2008年4月。発足の裏には安全・安心まちづくりに熱い思いを抱く堀口眞氏という好漢がいた。堀口氏が緑ヶ丘2丁目（会員530世帯）の自治会長になった時、自治会役員の任期と一緒に1年ごとに変わる自主防災組織を見て、役員が短期間で変わるため、事業などに継続性がなく、メンバーにもノウハウが蓄積できない、これでは町を守れないと危機感を強めたところから始まった。自治会と別に専業の防災隊が必要ではないかという堀口氏の提案に、当時の班長さんたちも賛同し自治会総会で承認された。最初は、班長20人、賛同者30人、隊員50人の陣容での発足である。従来、地域防災は自治体主導で行われていて、役所に言われたから作ったとか、助成金が出るから作ったという組織も多かった。「自主」とは名ばかりで本当の「自守」にはなっていない。そこでこれからは、いざという時、行政に依存するのではなく、行政と共に、自分たちの町は自分たちで守ることが重要と考え、自主独立防災隊と命名する。

毎月1回の定例会で勉強を進め知識を深めるにつれ、自分たちの光が丘地域は耐震性が低い建物が多く、道路幅の狭い木造密集地域で、地震による倒壊率が高く火災に弱い地域であることを知る。そこで、掲げた目標は「火を出さない、火が出たら初期消火で消し止めるまちを目指す」。隊員の士気を鼓舞するために形から整えようと、隊服、ベスト、ヘルメット、隊帽を全員に貸与し、元消防士の隊員を指導者にして放水訓練・初期消火訓練を定期的に実施、班別地域に消火器を設置した。自主独立防災隊はメディアでも取り上げられ地域で認められる存在になっていく。

特に大規模地震発生時は、一帯が大火になる可能性があった。1つの自治会だけでなく地域全体で取り組む必要があるという意見が出て、人口約2万8000人の光が丘地区全体に専業防災隊をつくることになる。2隊、3隊と徐々に増えてきたので、名称も変更し独立防災隊となる。2013年に9隊(現在は13隊)となり、独立防災隊連絡協議会を設立、規約を整備し地区自治会連合会の正式防災組織に認定されることになった。事業計画等を立てる合同会議、合同防災訓練の実施、避難所開設訓練、地区防災計画の作成、防災機材の共同購入(訓練用水消火器25台、デジタル無線機72台、簡易トイレ7万枚、スタンドパイプ放水機具7台等）、各種講演会の実施等、常に前を向き、時代を先取りしながら防災を中心に据え、安全・安心まちづくりに貢献している。

２０１８年には私も講師として招かれ「防災と近助の精神」という演題で講演させていただいた。役員さんたちはきびきび動き、その熱意がビシビシと伝わってくるほどで、非常に頼もしく感じた。２０１７年には、防災に関する優れた取り組みを行う全国の団体・組織を顕彰する「第21回防災まちづくり大賞」（総務省消防庁主催）で、光が丘地区の独立防災隊連絡協議会は「日本防火・防災協会長賞」を受賞している。「自分たちのまちは、自分たちが守る」この初志を貫徹する堀口眞会長という男前の志、それを実践する仲間たちに私は「高潔な漢《おとこ》のロマン」を見た。

おわりに――ウイルスは悪魔が放った刺客

人間一人ひとりは決して強くない。どちらかといえば、心も身体も傷つきやすい弱い生き物である。同じ大きさの動物と比較しても身体能力は低い方だし、筋力だって少ない部類に入る。その人間が猛獣等と闘って勝ち抜いてきたのである。その上、台風、大地震、噴火などの自然災害に繰り返し襲われながら、それでもしぶとく生き残ってきた。それを可能にしたのは、人間がコミュニケーション力・技術力を進化させてきたことと、一対一では到底かなわない巨大な猛獣に対しても、それぞれが武器を取り集団で立ち向かってきたから生き残ってきたのだ。発災時も、みんなが義援金や物資を送り、駆けつけ、被災者に寄り添い、復旧復興を助け、困難を乗り越えてきた。そうやって苦楽を共有し人間同士の絆と社会の結束力を培ってきた。困った時はお互い様で、誰かの助けが必要な時にも隣人同士が互いに助け合う「互近助」でしのいできた。だからこそ、人間社会は繁栄してきたのである。

その一方で、天地の間には自然の哲理と、正体不明の悪魔が存在する。自己過信からくる人間の行き過ぎに対し、それを諌め暴走を阻止する哲理が働き、発展や繁栄が進めば、その裏に潜む矛盾や不正義を顕在化させ、パンドラの箱をひっくり返す悪魔が動く。最近、人為的な地球温暖化ガスの排出で天地のバランスが崩れてきた。要因となっている二酸化炭素は、1989年以降の、ここ30年間の排出量が全体の50%以上を占める。これは過去のどの時代でもない。ほかでもない、今を生きる我々の仕業なのである。パンデミックは、自然の哲理に背き、グローバル化に突っ走る人間にブレーキをかけ、かけがえのない地球を破壊してはならないという天地からの警告。あるいはグローバル化と言いながら自国優先・経済至上主義という独善と矛盾の裏に潜む、冷酷な不寛容や格差社会の不正義を白日に晒すために悪魔が動いたのかもしれない。罪もない人を犠牲にする憎むべき無差別テロの刺客が新型コロナウイルスなのか。スポーツの祭典オリンピック、心を癒すイベントやコンサートはもとより、ささやかな飲み会も禁止。家族・親族・知人・友人が集まり、慰め励まし、哀しみ、喜びを共有する葬式、結婚式でさえ中止の仕儀に至った。そして、人に寄り添い温もりのある助け合いが、人間をして人間らしく活かしてきたのだ。それが礼節であり美学であった。そのコミュニティがあってこその文明・文化である。悪魔はそれらを全否定し、密接に寄り添い助け合う集団をことごとく離反させ、人類を弱体化させ破滅に導こうとしている。友人、知人、隣人、親族でさえ、保菌者かもしれないという疑心暗鬼に陥らせ、対面を忌諱し距離を置いて過ごすことが新生活様式だという。そんな生活様式が定着してしまっていいのか。

グローバル化・オンライン時代は、リアルタイムでウイルスも情報も世界を瞬時に駆け巡る。その結果、深く考えるいとまを与えず、短期間で1つの価値観に世界が誘導されてしまう。気付いた時は良識も尊厳も一顧だにされないうち呑み込まれている。感染拡大防止・命の安全優先という大義名分さえ振りかざせば、個人の自由、移動の自由、集会の自由すら、すべて無視しその権利を奪えることが証明された。ある意味、恐ろしいことである。

確かに、感染拡大阻止には、人と人の接触を断つという前時代的な対応しかないのかもしれない。もちろんパンデミック期はそうせざるを得ないし、収束後も警戒は怠ってはならない。しかし、人混みでのマスク着用はともかく、普通の生活の中で社会的距離を取ることまで、ニューノーマル（新常態）として定着させることはいかがなものか。人間社会が連綿として築いてきたコミュニティや絆を維持するために、寄り添い集まる文化は取り戻さなくてはいけない。テレワークの有用性は認めるが、表情を見ながら面談しなければ通じないこともある。悪政に対抗するには、同じ志の者が集まって、声を上げデモ行進しなければ世間や権力には届かない。

それをすべてニューノーマルに組み込んで否定してしまったら、それこそ悪魔と権力者の罠にまんまとはまったことになる。自然の哲理からの警告は真摯に受け止め、コロナ禍を機に、さらに自然を敬い感謝するとともに、地球を破壊する行為は厳に改めなければならない。また行き過ぎたグローバル化から生まれたひずみや格差社会を猛省し改善すべきである。その上で、人と人が寄り添い助け合う「互近助」という美学はさらに深化させていかなければならない。「人は試練に耐えた分、強く、賢く、そして人に優しくなれる」のである。心の自由と優しさは、悪魔でも奪うことはできない。

今年2月以降、依頼されていた講演がすべてキャンセルとなった。本書はそうした新型コロナウイルス・パンデミックの最中に書いたものである。これまでの本は多忙の合間にコツコツ書いてきた。今回のように時間に余裕があれば集中して書けそうなものである。しかし、意外と集中できず筆も進まない。あれよあれよという間に世界中に広がっていくパンデミックに目を奪われ、翻弄されていたというのが実情である。その分、多くの書籍を読むことができ、心の充電ができた気がする。そんな折、本書の緊急出版を企画して下さった「株式会社ぎょうせい」の皆様には大変お世話になりました。また、末筆ながら本書をご購入下さった方にも心から御礼を申し上げます。ありがとうございました。

参考にさせていただいた主な文献・サイト

・『感染症と文明』山本太郎著（岩波新書）
・『流行性感冒「スペイン風邪」大流行の記録』内務省衛生局編（平凡社）
・『グレート・インフルエンザ』ジョン・バリー著　平澤正夫訳（共同通信社）
・『日本を襲ったスペイン・インフルエンザ』速水融著（藤原書店）
・『ウイルスたちの秘められた生活』ウエイン・ビドル著　春日倫子訳（角川文庫）
・「『ウイルスは撲滅できない』福岡伸一さんが語る動的平衡」朝日新聞デジタル記事
・「新型コロナウイルス避難生活お役立ちサポートブック」認定ＮＰＯ法人全国災害ボランティア支援団体ネットワーク（ＪＶＯＡＤ）避難生活改善に関する専門委員会
・『新装版　病気日本史』中島陽一郎著（雄山閣）
・『基準値のからくり　安全はこうして数字になった』村上道夫・永井孝志・小野恭子・岸本充生著（講談社）
・「指定緊急避難場所の指定に関する手引き」内閣府（平成29年3月）
http://www.bousai.go.jp/oukyu/hinankankoku/pdf/shiteitebiki.pdf

・「スフィアハンドブック・人道憲章と人道支援における最低基準」Sphere
https://jqan.info/wpJQ/wp-content/uploads/2019/10/spherehandbook2018_jpn_web.pdf
・『逐条解説　災害対策基本法［第三次改訂版］』防災行政研究会編集（ぎょうせい）
・『感染弱者のための新型インフルエンザ対策』山村武彦著（アニカ）
・『新・人は皆「自分だけは死なない」と思っている』山村武彦著（宝島社）
・『災害に強いまちづくりは互近助の力～隣人と仲良くする勇気～』山村武彦著（ぎょうせい）
・『富士山の噴火は始まっている！』木村政昭・山村武彦著（宝島社）

◆著者略歴

山村　武彦（やまむら　たけひこ）防災システム研究所 所長

1943年、東京都出身。1964年、新潟地震でのボランティア活動を契機に、防災・危機管理のシンクタンク「防災システム研究所」を設立。以来50年以上にわたり、世界中で発生する災害の現地調査を実施。報道番組での解説や日本各地での講演、執筆活動などを通じ、防災意識の啓発に取り組む。また、多くの企業や自治体の防災アドバイザーを歴任し、BCP（事業継続計画）マニュアルや防災マニュアルの策定など、災害に強い企業、社会、街づくりに携わる。座右の銘「真実と教訓は、現場にあり」。実践的防災・危機管理の第一人者。

【主な著書】

『災害に強いまちづくりは互近助の力～隣人と仲良くする勇気～』（ぎょうせい）
『NHK テキスト　家族を守る！現場に学ぶ防災術』講師（NHK 出版）
『南三陸町 屋上の円陣―防災対策庁舎からの無言の教訓―』（ぎょうせい）
『スマート防災―災害から命を守る準備と行動』（ぎょうせい）
『新・人は皆「自分だけは死なない」と思っている―防災心理』（宝島社）
『防災・危機管理の再点検　進化する BCP（事業継続計画）』（きんざい）

感染症×大規模災害
実践的　分散避難と避難所運営

令和２年８月20日　第１刷発行

著　者　山村武彦

発行所　株式会社ぎょうせい

〒136-8575　東京都江東区新木場１－18－11
電話　編集　03-6892-6508
営業　03-6892-6666
フリーコール　0120-953-431

〈検印省略〉　URL：https://gyosei.jp

印刷　ぎょうせいデジタル㈱

ISBN978-4-324-10871-0
(5108632-00-000)
〔略号：感染症災害〕